管理精英必备的通识手册

| 财务＋法律 |

曾永翠◎编著

中国铁道出版社有限公司
CHINA RAILWAY PUBLISHING HOUSE CO., LTD.

北 京

图书在版编目（CIP）数据

管理精英必备的通识手册：财务＋法律／曾永翠编著． -- 北京：中国铁道出版社有限公司，2025.5.
ISBN 978-7-113-32101-7

Ⅰ. F279.23-62；D922.291.914

中国国家版本馆 CIP 数据核字第 2025XZ2309 号

书　名：**管理精英必备的通识手册（财务＋法律）**
　　　　GUANLI JINGYING BIBEI DE TONGSHI SHOUCE (CAIWU+FALÜ)

作　者：曾永翠

责任编辑：王　宏	编辑部电话：（010）51873038	电子邮箱：17037112@qq.com	
封面设计：宿　萌			
责任校对：刘　畅			
责任印制：赵星辰			

出版发行：中国铁道出版社有限公司（100054，北京市西城区右安门西街 8 号）
网　　址：https://www.tdpress.com

印　　刷：河北宝昌佳彩印刷有限公司

版　　次：2025 年 5 月第 1 版　　2025 年 5 月第 1 次印刷

开　　本：710 mm×1 000 mm　1/16　印张：11.75　字数：221 千

书　　号：ISBN 978-7-113-32101-7

定　　价：69.80 元

版权所有　侵权必究

凡购买铁道版图书，如有印制质量问题，请与本社读者服务部联系调换。电话：（010）51873174
打击盗版举报电话：（010）63549461

前言

对于企业发展来说,管理者起着至关重要的作用,他们不仅要具备管理技能,还要具备一些有关企业运营的财务与法律方面的理论知识。虽然不需要全面系统地掌握,但为了及时了解企业的发展情况并做决策,还是需要有所了解的。这不仅可以帮助企业更好地成长,还能提升自我。

在企业的经营过程中,财务与法律事项是需要特别关注的,因为企业财务掌握着资金命脉,如果财务出现问题,会导致企业运营困难,发展缓慢,甚至经营中断;而法律风险则贯穿企业经营发展的全过程,管理者不仅需要遵守法律底线,也需要通过合理途径保护企业的合法权益。

为帮助管理者轻松了解庞杂的财务和法律知识体系,作者编写了本书。希望通过本书帮助读者学习有用的财务与法律知识,及时发现管理过程中的问题,提升管理水平,促进企业规范发展。

本书共七章,可分为三部分。

第一部分为第 1 章,这部分主要讲述管理者需要具备的财务与法律的相关基础知识,包括需要树立怎样的财务与法律思维,以及基本的会计常识与企业的设立过程。

第二部分为第 2 ~ 6 章,这部分主要讲述财务报表的相关知识和报表常见指标分析、成本控制与预算管理、税收缴纳及税务筹划、合同管理、知识产权保护、人事管理和劳动纠纷防范等内容,帮助企业树立相关的财务与法律意识,通过合理途径保护自己的权益。

第三部分为第 7 章,这部分主要对企业财务与法律风险做简单讲解,让读者了解财务与法律风险因素有哪些,同时对企业经营常见的财务与法律问题及防范措施进行介绍。

本书结构严谨，内容扎实，综合了企业经营发展涉及的常见财务与法律知识，通过大量图示、图表与案例增加阅读的趣味性，引用相关的法律、法规让读者能够轻松学习本书的知识。

最后，希望所有读者都能从本书中学到所需的财务与法律知识，在提高管理水平的同时提升自身的工作技能。

编　者

2025 年 1 月

第1章 管理者应具备的财务与法律常识

1.1 了解财务与法律基础及思维 1

1.1.1 为什么要懂财务与法律知识 1

1.1.2 需要培养的财务与法律思维 2

实例分析 财务数据敏感度对于管理者的重要性 3

1.2 掌握会计基础知识 5

1.2.1 会计职能与会计四大假设 5

1.2.2 会计六要素须知道 7

1.2.3 简单认识会计凭证 9

1.2.4 简单认识会计账簿 14

1.2.5 理解会计记账基础知识 19

实例分析 权责发生制与收付实现制的区别 20

1.2.6 知道会计做账流程 21

1.3 明晰企业的设立过程 22

1.3.1 我国企业组织形式有哪些 22

1.3.2 有限责任公司与股份有限公司的区别 24

1.3.3 如何制定规范的公司章程 25

第 2 章 读懂财务报表背后的数据

2.1 读懂资产负债表 27
2.1.1 明白资产负债表的数据来源 27
实例分析 A 企业 20×2 年资产负债表数据来源分析 30
2.1.2 资产负债表水平分析 32
实例分析 B 企业 20×1 年及 20×2 年资产负债表水平分析 34
2.1.3 资产负债表垂直分析 37
实例分析 B 企业 20×1 年及 20×2 年资产负债表垂直分析 38

2.2 读懂利润表与现金流量表 40
2.2.1 搞懂利润表中的数据来源 40
实例分析 C 企业 20×2 年利润表数据分析 42
2.2.2 利润表数据分析 44
实例分析 甲企业利润表数据总体分析 45
2.2.3 现金流量表概述 46
2.2.4 现金流量表信息解读 47

2.3 关注所有者权益变动表与报表附注信息 48
2.3.1 所有者权益变动表的构成 48
2.3.2 所有者权益变动表信息解读 51
实例分析 乙企业所有者权益变动表水平与垂直分析 51
2.3.3 财务报表附注信息解读 53

2.4 财务报表常见指标分析 54
2.4.1 营运能力分析 55
实例分析 根据某企业 20×1 年及 20×2 年的财报数据计算和
分析总资产周转率 55

　　　　实例分析 根据某企业 20×1 年及 20×2 年的财报数据计算和

　　　　　　　　分析应收账款周转率 57

　　　　实例分析 根据某企业 20×1 年及 20×2 年的财报数据计算和

　　　　　　　　分析存货周转率 58

　　2.4.2 偿债能力分析 59

　　　　实例分析 根据某企业 20×1 年及 20×2 年的财报数据计算和

　　　　　　　　分析企业的短期偿债能力 61

　　　　实例分析 根据某企业 20×1 年及 20×2 年的财报数据计算和

　　　　　　　　分析企业的长期偿债能力 63

　　2.4.3 盈利能力分析 64

　　　　实例分析 根据某企业 20×1 年及 20×2 年的财报数据计算和

　　　　　　　　分析企业的盈利能力 65

第 3 章　学会成本控制与预算管理

3.1 管理者应学会控制成本 67

　　3.1.1 企业成本控制的分类 67

　　3.1.2 成本控制的控制原则与步骤 68

　　3.1.3 把握成本控制切入点 70

　　3.1.4 作业成本法控制成本 71

　　　　实例分析 某企业作业成本法的应用 72

　　3.1.5 其他成本控制法 74

3.2 管理者应学会预算管理 75

　　3.2.1 建立全面预算体系 75

　　3.2.2 学习固定预算与弹性预算方法 76

　　　　实例分析 某企业 20×× 年固定预算的编制 77

　　　　实例分析 某企业 20×× 年弹性预算的编制 78

3.2.3 利用零基预算与增量预算方法 80

3.2.4 了解定期预算与滚动预算方法 81

3.2.5 重点把握财务预算 82

　　实例分析 某企业编制的现金预算表 83

　　实例分析 某企业编制的预计资产负债表 84

　　实例分析 某企业编制的预计利润表 86

第 4 章　依法纳税与税务筹划

4.1 企业需要依法按时纳税 87

4.1.1 管理者须了解的常见税种 87

4.1.2 企业所得税如何计算 90

　　实例分析 计算某企业 20×2 年应缴纳所得税 93

4.1.3 牢记个人所得税的征税范围和税率 94

4.1.4 小规模纳税人应纳增值税如何计算 96

　　实例分析 计算某小规模纳税人企业应缴纳增值税 96

4.1.5 一般纳税人应纳增值税如何计算 97

　　实例分析 计算某一般纳税人企业应缴纳增值税 98

4.1.6 什么条件下可以享受所得税减免优惠 99

4.1.7 什么条件下可以享受增值税减免优惠 101

4.2 初步认识税务筹划 102

4.2.1 了解税务处理流程 102

4.2.2 避免税务筹划误区 103

4.3 税务筹划方法多样化 104

4.3.1 从总体角度出发选择税务筹划方法 105

4.3.2 结合减免税政策 106

 4.3.3 结合税收扣除与税率差异政策 107

 4.3.4 利用其他方式进行税务筹划 108

 4.3.5 利用税收优惠政策需注意事项 109

第 5 章 注重合同管理与知识产权保护

5.1 管理者需要知道的合同管理 110

 5.1.1 明确合同签订事项及其效力 110

 5.1.2 规范履行合同及其注意事项 112

 5.1.3 合同事项变更与解除 114

 5.1.4 制定规范的合同管理制度 115

5.2 管理者需要知道的知识产权保护 116

 5.2.1 企业著作权的内容 116

 5.2.2 著作权的使用限制 117

 5.2.3 专利权包括哪些内容 119

 5.2.4 商标权包括哪些内容 121

 5.2.5 企业商标的取得条件 123

 5.2.6 商标权的使用限制 124

5.3 合同管理与知识产权保护责任 125

 5.3.1 合同管理容易产生哪些问题 125

 5.3.2 如何保护企业著作权 127

5.3.3 假冒专利会承担什么样的后果 129

5.3.4 商标侵权行为及其法律责任 130

第6章 加强人事管理与劳动纠纷防范

6.1 合法进行员工招聘与录用 132

6.1.1 规范员工招聘录用流程 132

实例分析 遵守录用通知书约定的重要性 134

6.1.2 依法签订劳动合同 134

6.1.3 劳动合同签订需关注事项 136

6.1.4 清楚劳动合同的效力 138

6.1.5 了解劳动合同的解除与终止 139

6.2 科学合理的薪酬管理 141

6.2.1 薪酬管理目标 141

6.2.2 薪酬的模式 142

6.2.3 合理设计员工薪酬制度 143

实例分析 某公司员工薪酬制度范本 144

6.2.4 完善薪酬管理体系 145

6.3 劳动纠纷的管理与解决 147

6.3.1 劳动争议的范围 147

6.3.2 有效防范劳动纠纷 148

实例分析 依法为员工缴纳社保的重要性 149

6.3.3 解决劳动纠纷的途径 150

第 7 章　防控企业财务与法律风险

7.1 树立财务与法律风险意识 152

7.1.1 管理者为什么要有财务与法律风险防范意识 152

7.1.2 引发财务风险的因素及其防范措施 153

7.1.3 引发企业法律风险的因素及其防范措施 155

7.2 企业经营常见财务问题及其防范措施 156

7.2.1 分不清会计与出纳的岗位职责 157

实例分析　某学校教师同时兼任会计与出纳的责任 157

7.2.2 财务人员挪用公款会承担什么责任 158

实例分析　某乡镇财务人员挪用公款的责任 159

7.2.3 会计档案可以随意销毁吗 160

实例分析　某国有企业库管员私自销毁会计档案的后果 162

7.2.4 私设会计账簿会承担什么后果 162

实例分析　某服装厂私设账簿的责任承担 164

7.2.5 企业可以延期缴纳税款吗 164

7.2.6 企业虚开发票承担什么法律后果 165

实例分析　某机电企业虚开增值税专用发票的法律责任 166

7.3 企业经营常见法律问题及其防范措施 166

7.3.1 合同欺诈承担什么法律后果 166

实例分析　高某利用合同欺诈某材料有限公司的法律责任 169

7.3.2 "阴阳合同"承担什么法律后果 169

实例分析　某药业企业股东利用"阴阳合同"逃税的责任承担 170

7.3.3 拖欠薪资会承担什么法律后果 170
　　实例分析 某有限公司拒不支付劳动报酬的法律责任 171

7.3.4 员工手册具有法律效力吗 171
　　实例分析 王某两次违反员工手册被开除 172

7.3.5 常见税收违法行为的责任承担 172
　　实例分析 ××市某贸易有限公司偷税应承担的法律责任 173

7.3.6 单位犯罪承担什么法律后果 174
　　实例分析 某企业实际控制人犯罪的责任承担 174

第1章

管理者应具备的财务与法律常识

企业的管理者想要更好地经营企业,除了需要具备一些管理能力之外,还需要掌握一些基本的财务和法律知识,以便了解企业的财务状况和法律风险,更好地和相关人员沟通。

1.1 了解财务与法律基础及思维

一个优秀的管理者不仅要会运营管理,还要具备一定的财务、法律基础和财务思维,才能更好地了解企业的财务状况,把握企业战略发展方向。同时企业在经营过程中难免会涉及一些法律风险,管理者需要具备一定的法律常识,善用法律思维,更有序地开展工作及规避风险。

1.1.1 为什么要懂财务与法律知识

财务活动贯穿企业的方方面面,是企业经营管理中非常重要的内容。而财务信息反映着企业真实的经营状况和财务状况,关系到企业是否可持续发展。若企业的财务管理出现了问题,管理者也负有一定的责任。

此外,无论是企业的设立、经营发展还是破产清算等环节都与法律密切相关,管理者需要了解一些法律常识才能守住企业经营发展的底线,同时也能帮助企业避开一些法律风险。

因此,对于管理者来说,掌握一些基础的财务和法律知识是非常有必要的,表1-1中的几个方面可以帮助管理者更好地经营企业。

表 1-1　管理者具备财务与法律基础的好处

好　处	具体阐述
能够对企业经营状况有一个基本判断	财务报表是企业经营成果的体现,既能反映企业的财务状况,又能反映企业的整体经营情况,通过阅读财务报表,管理者可以对企业的经营好坏进行基本的判断,及时发现经营过程中存在的问题并采取相关措施
能够使财务部门作用最大化	对于管理者来说,具备基础的财务知识能与财务部门进行更顺畅的沟通交流,避免云里雾里。同时也能充分发挥财务部门的作用,促进资金合理运转,保证企业的财务安全,为企业的经营发展提供保障
可以改善企业经营管理水平	数据为经营决策提供可靠的依据,企业管理者要能看懂企业的财务数据,有利于提高经营管理水平
能够规范企业生产经营行为	管理者只有了解相关财会法规才能不触碰法律红线,规范经营,降低企业财务风险,提高企业的整体管理水平,促进企业高效发展
有利于企业的长远发展	在竞争激烈的环境下,企业管理者只有了解市场发展规律,及时适应新形势,才能持续发展;只有具备了基本的法律知识才能依法行使权力,合理保护企业利益,促进企业不断发展

1.1.2　需要培养的财务与法律思维

财务思维与法律思维简单来说就是运用财务和法律的理论知识进行科学思维的一种心智活动。具备一定的财务思维可以使管理者科学制定企业的发展战略,树立法律思维能够使管理者更客观公正、更有秩序且规范地管理企业。

那么对于管理者来说,到底需要具备怎样的财务思维与法律思维呢?如下所示。

(1)需要理解企业财务与业务之间的关系

企业财务活动与业务活动都是经营管理中的重要活动,两者之间的关系是否协调会直接影响企业的运营水平,二者的联系见表 1-2。

表1-2 企业财务活动与业务活动之间的关系

内容	具体阐述
企业财务	企业财务由财务部门负责,主要对企业资金进行严格的管理、分配与运用及对财务信息的分析整合等,侧重于企业资金管理与企业价值管理
企业业务	企业业务由业务部门负责,主要是分析市场发展状况,制定市场营销策略,侧重于开拓市场
二者的联系	虽然二者侧重点不同,但是却有着不可分割的联系。二者都是以企业绩效为重心开展工作的,且最终目标一致,都是为了提高企业社会效益与经济效益,实现企业生存、发展和盈利。管理者需要通过财务信息来对生产经营作出更好的调整与决策,并且开展生产活动离不开业务部门的支持,所以管理者需要充分理解两者的联系,才能促进企业长久发展

（2）需要用财务逻辑思考问题

管理者不一定要掌握完整的财务知识,但是需要在做决策时用财务思维进行分析和判断,避免由于思维的局限性而作出错误的决策,管理者需要掌握的财务逻辑大致包括以下方面。

◆ 要有结果导向性思维

如何在使企业收入上升、净利润增加的同时控制负债,使企业可持续发展,是企业管理人员应该思考的问题。管理者应该具有大局观,坚定企业发展目标,以结果为导向。

◆ 对财务数据要敏感

对财务数据要敏感是指要学会透过现象看本质,挖掘数据背后的意义。下面通过一个案例来说明财务数据敏感度的重要性

实例分析 财务数据敏感度对于管理者的重要性

某企业有一位HRBP（人力资源业务合作伙伴）,他认为自己的目标是帮助团队提升业绩,只要努力销售企业的商品,销售业绩越好,企业盈利就越好。于是在一次业绩讨论会上,当总经理公布销售额为3.00亿元,在去年

2.00亿元的基础上增加了1.00亿元时,他直接带头鼓起了掌,却换来一片沉寂。会后他还纳闷为什么下面的其他管理者好像都不太高兴。

后来才得知,虽然当年的销售额增加了,但是净利润相比去年反而降低了1 000.00万元,他顿时感到汗颜。为什么销售额增加了,净利润反而降低了呢?他认为,可能是其他项目的成本增加了。

以常规的思维来看,这位HRBP的想法没有问题,但是他不具备财务思维,不知道净利润与收入并不一定是成正比的关系,同时他还忽略了成本与盈利的关系。作为一个管理者,不能只考虑业绩,还需要做好成本与预算管理,既要增加收入也要控制成本,否则就容易闹笑话。

◆ 要有整体性的财务思维

整体性的财务思维是指要知道各财务变量之间不是孤立存在的,而是具有联系的,如图1-1所示。

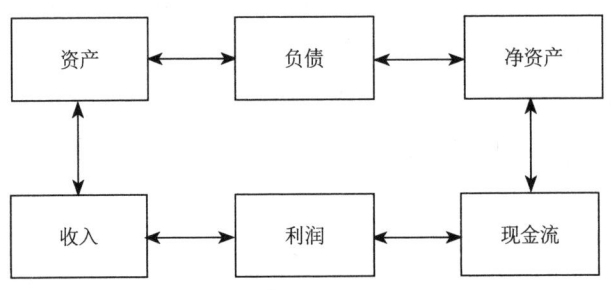

图1-1 各财务变量之间的关系

从图1-1中可以看出企业的收入情况会受到资产的制约,收入的变动也会影响资产的增减变动。收入变动了,利润也可能发生变化,就可能会影响到企业的现金流,而现金流的变动又会导致企业净资产的变动。所以在企业各项财务活动发生时,既要会分析单个项目,也要学会把它们串联起来分析整体。

(3)需要具备法律逻辑

法律逻辑指需要遵循规则与程序,依靠事实,讲究证据,同时也需要具有权利意识。

可能有些人不能理解为什么作为管理者也需要有法律逻辑,又不是法律专业人士。但其实管理者在进行管理时离不开法律逻辑。比如在制定规章制度时,发生劳动纠纷时，企业的权利受到侵害时等，都会用到法律逻辑。具备良好法律逻辑思维的管理者可以在管理时更规范和客观公正。

（4）要具有前瞻性思维

无论是从财务角度还是法律角度，前瞻性对于管理者来说都是非常重要的。管理者既需要遵规守法，也要与时俱进，了解和学习与企业经营相关的财务知识与法律政策，熟练通过法律保护企业自身利益。

1.2 掌握会计基础知识

会计基础知识是管理者在进行财务管理时需要掌握的，只有掌握了会计基础知识才能为后续的财务学习奠定基础。

1.2.1 会计职能与会计四大假设

会计作为企业财务部门的重要岗位，具备会计核算与监督的职责，见表1-3。

表1-3 会计的基本职能

内　容	具体阐述
会计核算	会计的核算职能是指会计以货币为主要计量单位，对特定主体的经济活动进行确认、计量和报告。会计核算贯穿企业经济活动全过程，是会计最基本的职能。会计核算主要包括以下六项基本内容： ①款项和有价证券的收付； ②财物的收发、增减和使用； ③债权、债务的发生和结算； ④资本、基金的增减； ⑤收入、支出、费用、成本的计算； ⑥财务成果的计算和处理
会计监督	会计的监督职能是指对特定主体的经济活动与会计核算的真实性、合法性和合理性进行审查，如下所述： ①真实性审查是指检查各项会计核算是否根据实际发生的经济业务进行； ②合法性审查是指检查各项经济业务是否符合国家有关法律法规，是否遵守财经法规和执行国家各项方针政策等； ③合理性审查是指检查各项财务收支是否符合客观经济规律的发展及经营管理方面的要求，各项财务收支是否符合特定的财务收支计划等

> **拓展贴士** 会计的拓展职能
>
> 　　会计除了具备以上基本职能之外，还具备以下拓展职能。管理者可以通过财务报告等提供的信息，了解更多关于企业发展状况的信息。
> 　　①预测经济前景。判断或推测企业经济活动的发展规律，指导和调节经济活动，提高经济效益。
> 　　②参与经济决策。对备选方案进行经济可行性分析，为企业经营管理等提供决策相关的信息。
> 　　③评价经营业绩。采用一定的方法对企业经营期间的经营成果进行对比分析，作出真实、客观、公正的综合评判。

　　很多非财务专业的人可能会觉得会计较为抽象，所以在学习会计基础知识的时候需要了解会计核算工作的前提，即会计假设。

　　会计假设是针对会计核算过程中的一些不确定因素，根据客观情况所作的合乎情理的假设，主要包括表1-4中的四个方面。

表1-4　会计假设

内　容	具体阐述
会计主体	会计主体是会计工作服务的特定对象，界定了从事会计工作的空间范围。明确界定会计主体是开展会计确认、计量和报告工作的重要前提。只有明确会计主体，才能划定会计工作所要处理的各项交易或事项的范围，也才能将会计主体的交易或事项与会计主体所有者的交易或事项，以及其他会计主体的交易或事项区分开来
持续经营	持续经营是指会计主体在可预见的未来会按照当前的模式经营下去，不会发生破产清算，是会计确认、计量和报告的时间范围。 　　企业是否持续经营，对于会计原则、会计方法的选择有很大影响，所以一般情况下会假定企业将会按照当前的规模和状态持续经营下去。明确这个基本假设，也就意味着会计主体会按照既定用途使用资产，按照既定的条件清偿债务等，会计人员就可以在此基础上选择相应的会计原则和会计方法
会计分期	会计分期是指将企业持续经营的生产经营活动划分为一个个连续的、长短相同的期间。 　　在会计分期假设下，企业应当划分会计期间，分期结算账目和编制财务报告，会计期间通常分为年度和中期。 　　由于会计分期的存在，才产生了当期与以前期间、以后期间的区别，使不同类型的会计主体有了记账的基准，进而产生了折旧、摊销等会计处理方法

续上表

内容	具体阐述
货币计量	货币计量是指会计主体在进行会计确认、计量和报告时，以货币来进行计量，反映会计主体的生产经营活动。 货币具有价值尺度、流通手段、贮藏和支付等特点，可以反映企业的生产经营情况，也便于在数量上进行汇总和比较

1.2.2 会计六要素须知道

会计要素是对会计对象所做的基本分类，是会计核算对象的具体化，也是企业财务报表的重要组成部分。其分为资产、负债、所有者权益、收入、费用和利润六个要素。

其中，资产、负债和所有者权益三项会计要素属于静态要素，侧重反映企业的财务状况，构成资产负债表要素，其等式关系如下所示。

$$资产＝负债＋所有者权益$$

而收入、费用和利润三项会计要素属于动态要素，侧重于反映企业的经营成果，构成利润表要素，也存在着如下所示的等式关系。

$$利润＝收入－费用$$

下面详细介绍这六大要素，见表1-5。

表1-5 会计六要素

要素	具体阐述
资产	资产是指企业过去的交易或者事项形成的，由企业拥有或者控制的，预期会给企业带来经济利益的资源。 【特征】 ①资产是由企业过去的交易或者事项形成的，现在或者未来发生的交易或事项都不能形成资产。 ②资产预期会给企业带来经济利益，且产生的经济利益是能够可靠计量的。 ③资产应是企业拥有或者控制的资源。由企业拥有或者控制是指企业享有某项资产的所有权，或虽然不享有该项资产的所有权，但拥有该项资产的控制权。 【分类】 ①流动资产是指可以在一年或超过一年的一个营业周期内变现或耗用的资产，如库存现金、银行存款、应收账款等。 ②非流动资产是指不能在一年或者超过一年的一个营业周期内变现或者耗用的资产，如固定资产、无形资产、在建工程等

续上表

要素	具体阐述
负债	负债是指企业过去的交易或者事项形成的，预期会导致经济利益流出企业的现时义务。 【特征】 ①负债是企业承担的现时义务。现时义务是指企业在现行条件下已承担的义务，未来发生的交易或者事项形成的义务都不属于现时义务，不应当确认为负债。 ②负债预期会导致经济利益流出企业。 ③负债是由企业过去的交易或者事项形成。 【分类】 ①流动负债是指将在一年（含一年）或超过一年的一个营业周期内偿还的债务，如短期借款、应付票据、应付账款等。 ②非流动负债是指流动负债以外的其他负债，如长期借款、应付债券、长期应付款等
所有者权益	所有者权益是指企业资产扣除负债后，由所有者享有的剩余权益，主要包括所有者投入的资本、其他综合收益、留存收益等，通常由实收资本（股本）、资本公积、盈余公积和未分配利润等构成
收入	收入是指企业在日常活动中形成的、会导致所有者权益增加的、与所有者投入资本无关的经济利益的总流入。 【特征】 ①收入是从企业日常活动中产生，而不是偶然的交易或事项产生的。 ②收入是与所有者投入资本无关的经济利益的总流入。 ③收入必然会导致企业所有者权益增加。 【分类】 ①主营业务收入是指企业从事主要经营活动所取得的收入，如零售企业产生的商品销售收入。 ②其他业务收入是指企业从事的非经常性的或兼营的业务产生的收入，如销售包装物、出租固定资产等取得的收入
费用	费用是指企业在日常活动中发生的、会导致所有者权益减少的、与向所有者分配利润无关的经济利益的总流出。 【特征】 ①费用会导致企业资源减少。 ②费用可能表现为资产的减少或负债的增加，或者二者兼而有之。 ③费用最终会导致企业所有者权益减少。 【分类】 ①主营业务成本是指企业销售商品、提供劳务等经营性活动所发生的成本，包括直接材料费、直接人工费等。 ②其他业务成本是指企业确认的除了主营业务活动以外的其他日常经营活动所发生的支出，如销售材料的成本、出租固定资产的折旧额等。 ③期间费用是指企业日常活动中不能直接归属于某个特定成本核算对象的费用，而是在发生时直接计入当期损益的各种费用，包括管理费用、销售费用、财务费用等

续上表

要　素	具体阐述
利润	利润是指企业在一定会计期间的经营成果，主要包括营业利润、利润总额、净利润。 【特征】 ①利润具有一定的盈利能力，它是企业一定时期的财务成果。 ②利润是一定时期的收入与费用相减的结果。 ③利润具有较强的获取现金的能力

1.2.3　简单认识会计凭证

会计凭证是记录企业经济业务发生或者完成情况的书面证明，是登记账簿的依据。每个企业都必须按相关的程序来填制和审核会计凭证，根据审核无误的会计凭证来登记账簿，如实反映企业的经济业务。会计凭证按照其编制程序和用途的不同可以分为原始凭证和记账凭证，具体分类如下所述。

（1）原始凭证

原始凭证是在经济业务发生时取得或填制的，用来记录和证明经济业务已经发生或完成的凭证。根据其取得来源和填制方式的不同，又可以分为以下凭证，如图1-2所示。

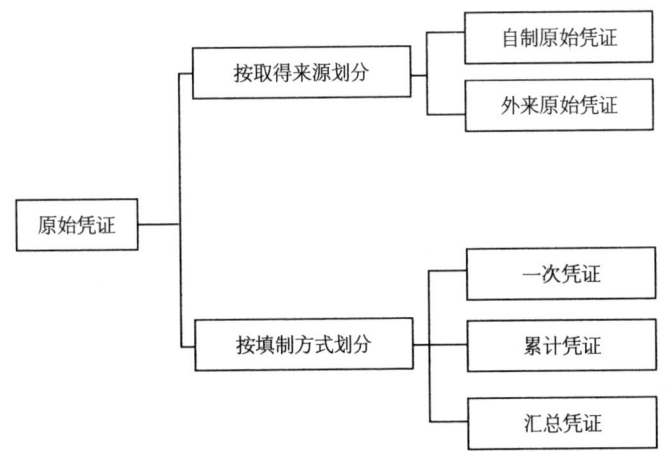

图1-2　原始凭证分类

◆ 自制原始凭证

自制原始凭证是指由企业内部的财务部门或个人在完成某项经济业务时所

填制的原始凭证，包括收料单、领料单等，图1-3为领料单示例。

领料单位：二车间		××有限公司					
用　途：制造××产品		领　料　单 年　月　日				凭证编号： 发料仓库：号库	
材料类别	材料编号	材料名称及规格	计量单位	数量		单价	金额（元）
				请领	实发		
型钢		圆钢	公斤				
备注			合计				
主管（签章）		记账（签章）		发料人（签章）		领料人（签章）	

图1-3　领料单

◆ **外来原始凭证**

外来原始凭证是指在与外单位发生经济往来事项时，从外单位取得的凭证。常见的外来原始凭证按载体形式可分为电子凭证和纸质凭证。电子凭证如电子发票；纸质凭证如餐饮消费的纸质发票。图1-4为纸质的增值税普通发票。

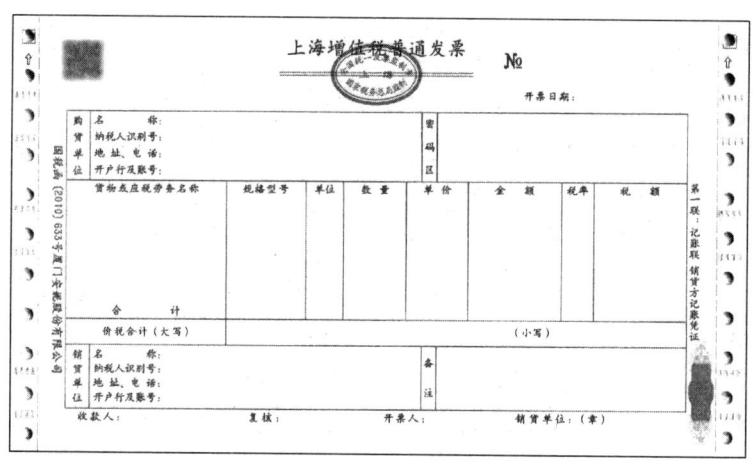

图1-4　增值税普通发票

◆ **一次原始凭证**

一次原始凭证是指只反映一项经济业务或若干项同类性质经济业务的原始凭证，其填制手续是一次完成的，如各种外来原始凭证都是一次凭证，企业内部的领料单、职工借款单、入库单等也都是一次凭证，图1-5为借款单示例。

```
                        借 款 单
             日期：      年    月    日

  部    门  |                    | 姓名 |
  借款事由  |                                        |
  借款金额  | （大写）  拾  万  仟  佰  拾  元  角  分  |
  预计还款报销日期 |                      | ¥       |
  审批意见  |                    | 借款人 |

  发据单位盖章         会计：           出纳：
```

① 存根（白）② 收据（红）③ 记账（蓝）

图 1-5　借款单

◆ **累计原始凭证**

累计原始凭证是指在一定时期内多次记录发生的同类经济业务的自制原始凭证，其填制手续是随着经济业务事项的发生而分次进行的，如限额领料单，如图 1-6 所示。

```
                 ××有限公司
                 限 额 领 料 单
        ××年×月×日                    编号：
领料单位：××车间   用途：制造××产品    计划产量：
材料编号：         名称规格：            计量单位：
单价：××元       消耗定额：            领用限额：
 ××年  |  请领                  |  实发
 月 日 | 数量 | 领料单位负责人 | 数量 | 累计 | 发料人 | 领料人 | 限额结余

累计实发金额（大写）：              ¥
```

图 1-6　限额领料单

◆ **汇总原始凭证**

汇总原始凭证是指根据一定时期内反映相同经济业务的多张原始凭证汇总编制而成的，用来集中反映某项经济业务的总体情况的凭证，如工资汇总表、发料凭证汇总表和现金收入汇总表等。图 1-7 为发料凭证汇总表。

发料凭证汇总表				
年 月 日				附单据 张
部门	材料名称	领用数量（千克）	计划单价	计划总额
	A材料			
	B材料			
	小计			
合计				

图 1-7　发料凭证汇总表

（2）记账凭证

记账凭证是会计人员根据审核无误的原始凭证填制的，并按其经济业务的内容加以归类和整理，作为登记会计账簿依据的会计凭证。通常根据用途不同将其划分为通用记账凭证和专用记账凭证，如图 1-8 所示。

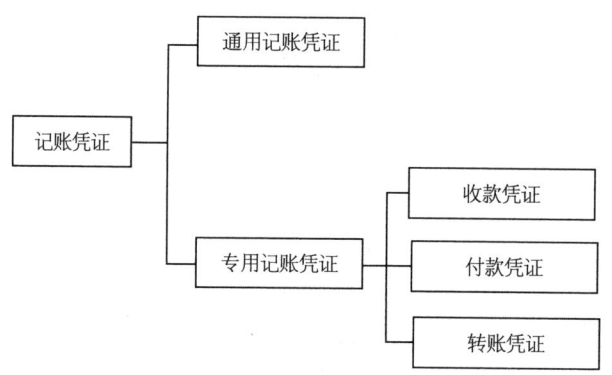

图 1-8　记账凭证分类

◆ 通用记账凭证

通用记账凭证是指用来反映所有业务的记账凭证，如图 1-9 所示。

记　账　凭　证

年　月　日　　　　记字第　　号

摘　要	总账科目	明细科目	记账√	借方金额										记账√	贷方金额										记账符号
				千	百	十	万	千	百	十	元	角	分		千	百	十	万	千	百	十	元	角	分	
合计																									

附件　张

会计主管　　记账　　出纳　　审核　　制单

图1-9　通用记账凭证

◆ 专用记账凭证

专用记账凭证是指用来分类反映经济业务的记账凭证。按其反映经济业务的内容不同又可以分为收款凭证、付款凭证和转账凭证。

①收款凭证是指用于记录现金和银行存款收款业务的记账凭证，如图1-10所示。

收　款　凭　证

出纳编号________

借方科目：　　年　月　日　　制单编号________

对方单位（或领款人）	摘要	贷方科目		金　额										记账符号
		总账科目	明细科目	千	百	十	万	千	百	十	元	角	分	
		合计金额												

附凭证　张

会计主管　　记账　　出纳　　审核　　制单

图1-10　收款凭证

②付款凭证是指用于记录现金和银行存款付款业务的记账凭证，如图1-11所示。

付　款　凭　证

出纳编号________

贷方科目：　　年　月　日　　制单编号________

对方单位（或领款人）	摘要	借方科目		金额										记账符号
		总账科目	明细科目	千	百	十	万	千	百	十	元	角	分	
		合计金额												

附凭证　张

会计主管　记账　出纳　审核　制单

图 1-11　付款凭证

③转账凭证是指用于记录不涉及现金和银行存款业务的记账凭证，如图 1-12 所示。

转　账　凭　证

年　月　日　　转字第　号

摘　要	总账科目	明细科目	借方										贷方										记账符号
			千	百	十	万	千	百	十	元	角	分	千	百	十	万	千	百	十	元	角	分	
		合计金额																					

附凭证　张

会计主管　记账　出纳　审核　制单

图 1-12　转账凭证

1.2.4　简单认识会计账簿

会计账簿是以会计凭证为依据，对全部经济业务进行全面、系统、连续、分类的记录和核算，由一定格式和相互联系的账页组成，用来序时、分类地全面记录一个单位经济业务事项的会计簿籍。

设置和登记会计账簿是会计核算非常重要的工作，是连接会计凭证和会计报表的中间环节，对于加强企业经济管理具有十分重要的意义。按照不同的划分方式，会计账簿可以分为不同类型。

（1）按用途分类

会计账簿按照用途不同可以分为序时账簿、分类账簿和备查账簿三类，如图 1-13 所示。

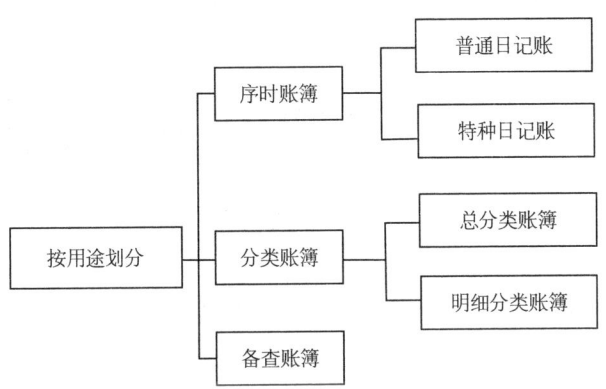

图 1-13　会计账簿按用途分类

①普通日记账是将企业每天发生的所有经济业务，不论其性质如何，都按先后顺序编成会计分录记入账簿。图 1-14 为普通日记账。

普通日记账						
年		凭证	会计科目	摘要	借方金额	贷方金额	转账
月	日	字　号					

图 1-14　普通日记账

②特种日记账是按经济业务的性质单独设置的账簿，只记录特定项目的经济业务，如现金日记账和银行存款日记账，如图 1-15 和图 1-16 所示。

现 金 日 记 账

年		凭证		对方科目	摘要	收入（借方）									支出（贷方）									结余（余额）									核对
月	日	种类	号数			百	十	万	千	百	十	元	角	分	百	十	万	千	百	十	元	角	分	百	十	万	千	百	十	元	角	分	

图 1-15　现金日记账

银 行 存 款 日 记 账

开户行：

账 号：

年		凭证		对方科目	摘要	收入（借方）									支出（贷方）									结余（余额）									核对
月	日	种类	号数			百	十	万	千	百	十	元	角	分	百	十	万	千	百	十	元	角	分	百	十	万	千	百	十	元	角	分	

图 1-16　银行存款日记账

③总分类账簿简称总账，是根据总分类科目开设的，用来登记企业的全部经济业务，提供总括核算资料的分类账簿，如图 1-17 所示。

总　　账

会计科目及编号名称：

年		记账凭证号数	摘要	页数	借方									贷方									借或贷	余额								
月	日				百	十	万	千	百	十	元	角	分	百	十	万	千	百	十	元	角	分		百	十	万	千	百	十	元	角	分

图 1-17　总分类账簿

④明细分类账简称明细账簿，是根据明细分类科目开设的，用来登记某一类的经济业务，提供明细核算资料的分类账簿。

⑤备查账簿又称辅助账簿，是对某些在序时账簿和分类账簿等主要账簿中不予登记或登记不够详细的经济业务事项进行补充登记时使用的账簿。它根据实际情况设置，格式不固定，如租入固定资产登记簿、代销商品登记簿等。

（2）按账页格式划分

会计账簿按账页格式不同可以分为两栏式账簿、三栏式账簿、多栏式账簿、数量金额式账簿和横线登记式账簿五类，如下所述：

①两栏式账簿只有借方和贷方两栏，普通日记账通常采用此种。

②三栏式账簿通常设有借方、贷方和余额，如图1-18所示，适用于进行金额核算的资本和债权债务明细账，如"应收账款""应付账款""实收资本"等账户的明细分类核算。

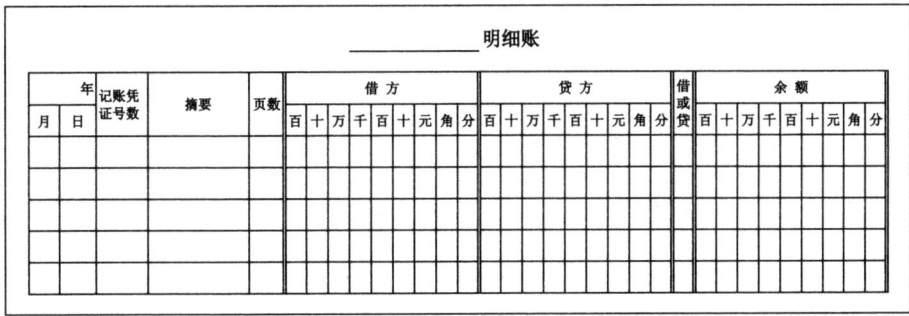

图1-18 三栏式账簿

③多栏式账簿是在借方和贷方两栏的基础上，再按照需要分设若干个专栏的账簿，如图1-19所示，一般适用于收入、成本、费用、利润和利润分配的明细账，如"生产成本""营业外收入"等账户的明细分类核算。

图1-19 多栏式账簿

④数量金额式账簿是在账簿的借方、贷方和余额三个栏目内再分设数量、单价和金额三个小栏，以反映财产物资的实物数量和价值，如图 1-20 所示，如原材料、库存商品和固定资产明细账等。

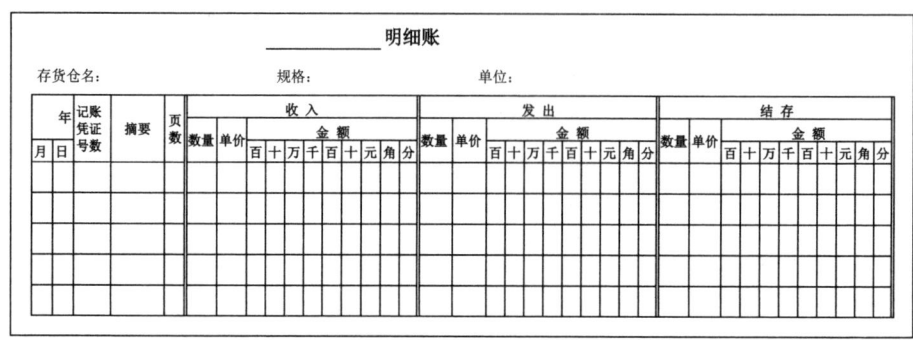

图 1-20　数量金额式账簿

⑤横线登记式账簿是在同一张账页的同一行记录某一项经济业务从发生到结束的相关内容，如图 1-21 所示。

图 1-21　横线登记式账簿

（3）按外形特征划分

按照外形特征不同，会计账簿可以分为订本式账簿、活页式账簿和卡片式账簿三类，见表 1-6。

表 1-6 会计账簿按外形特征分类

内　容	具体阐述
订本式账簿	订本式账簿是在启用前将编有顺序页码的一定数量的账页装订成册的账簿，一般适用于总分类账、现金日记账和银行存款日记账。值得注意的是，特种日记账只能采用订本账的形式，如库存现金日记账、银行存款日记账及总分类账
活页式账簿	活页式账簿是将一定数量的账页放置于活页夹内，可以根据记账内容的变化随时增减账页的账簿，一般适用于明细分类账
卡片式账簿	卡片式账簿是将一定数量的卡片式账页存放在专门的卡片箱中，也可以根据需要随时增添账页的账簿，一般适用于低值易耗品、固定资产等的明细账核算

1.2.5　理解会计记账基础知识

会计记账基础是指在确认和处理一定会计期间的收入和费用时选择的处理原则和标准，目的是对收入和支出进行合理配比，进而作为确认当期损益的依据。会计记账基础主要包括权责发生制和收付实现制，见表1-7。

表 1-7　权责发生制与收付实现制的内容及区别

内　容	具体阐述
权责发生制	权责发生制也称"应收应付制"，是指以收到现金的权利或支付现金的责任的发生为标志来确认本期收入和费用及债权和债务。 按照权责发生制的原则，凡是本期已经实现的收入和已经发生或应当负担的费用，不论其款项是否已经收付，都应作为当期的收入和费用处理；凡是不属于本期的收入和费用，即使款项已经在当期收付，都不应作为当期的收入和费用
收付实现制	收付实现制也称现金制或实收实付制，是以实际收到或付出现金为标准来记录收入的实现和费用的发生。 在收付实现制下，以现金收付行为在其发生的期间全部记作收入和费用，而不考虑与现金收付行为相关的经济业务实质上是否发生
二者的区别	二者的区别就是确认收入和费用的标准不同，权责发生制是以本期发生的收入和费用是否应计入本期为标准；收付实现制是以款项的实际收付为标准

下面通过一个案例来更直观地理解权责发生制与收付实现制的区别。

实例分析 权责发生制与收付实现制的区别

某企业20××年6月发生部分业务,按照权责发生制与收付实现制的原则来分别计算的收入和费用,具体见表1-8。

表1-8 某企业20××年6月经济业务及其收入与费用的核算

单位:元

20××年6月的经济业务	权责发生制		收付实现制	
	收入	费用	收入	费用
①销售商品一批,总售价80 000.00;该批商品总成本60 000.00,货款已存入银行	80 000.00	60 000.00	80 000.00	60 000.00
②预收货款25 000.00,商品将在下月交付,且货款已存入银行			25 000.00	
③以银行存款预付下季度仓库租金12 000.00				12 000.00
④销售一批商品总售价75 000.00元,货物已发出,发票已开具,销售合同约定货款将于下月结算;该批商品总成本为50 000.00	75 000.00	50 000.00		
⑤以银行存款支付本年度第二季度短期借款的利息12 000.00		4 000.00		12 000.00
⑥当年3月已预付了本年度第二季度的财产保险费6 000.00		2 000.00		
合 计	155 000.00	116 000.00	105 000.00	84 000.00

根据表 1-8 中的经济业务结合权责发生制与收付实现制的原则，可以得出以下结论：

第①项经济业务是在 6 月本期发生的，其货款也已收到，所以无论是从权责发生制还是收付实现制来说都应确认收入与费用。

第②项经济业务是预收的下月的货款，根据权责发生制就不应确认本期即 6 月的收入；但货款已经存入银行，说明当期已经收到现金货款，故应计入收付实现制下的收入中。

第③项经济业务是以银行存款预付下季度的仓库租金，同第②项经济业务一样不属于本期的经济业务，故权责发生制下不应计入当期费用，收付实现制下应计入当期费用中。

第④项经济业务货物已发出，发票已开具，虽然是约定下期结算货款，但是经济业务是属于本期的。根据权责发生制原则，凡是本期已经实现的收入和已经发生或应当负担的费用，不论其款项是否已经收付，都应作为当期的收入和费用处理，故应计入权责发生制下的收入与费用中。

第⑤项经济业务是支付的本年度第二季度的借款利息，故属于当期的费用只有 6 月的，所以为 4 000.00 元（12 000.00÷3）；而按照收付实现制已经支付了 12 000.00 元的利息，故应为 12 000.00 元。

第⑥项经济业务是在当年 3 月就已经预付的，故权责发生制下属于本期即 6 月的费用为 2 000.00 元（6 000.00÷3）。

从表 1-8 中也可以看出，在权责发生制与收付实现制下的收入与费用合计额不一样，净损益也不一样，如下所示：

权责发生制下净损益 =155 000.00−116 000.00=39 000.00（元）
收付实现制下净损益 =105 000.00−84 000.00=21 000.00（元）

但是权责发生制比较科学、合理，盈亏计算比较准确；收付实现制虽然操作方便，但是盈亏计算不准确，因此我国企业普遍采用权责发生制。

1.2.6　知道会计做账流程

虽然管理者不需要知道财务具体是怎样做账的，但是应该对会计做账流程有一个大概的认识，如图 1-22 所示。

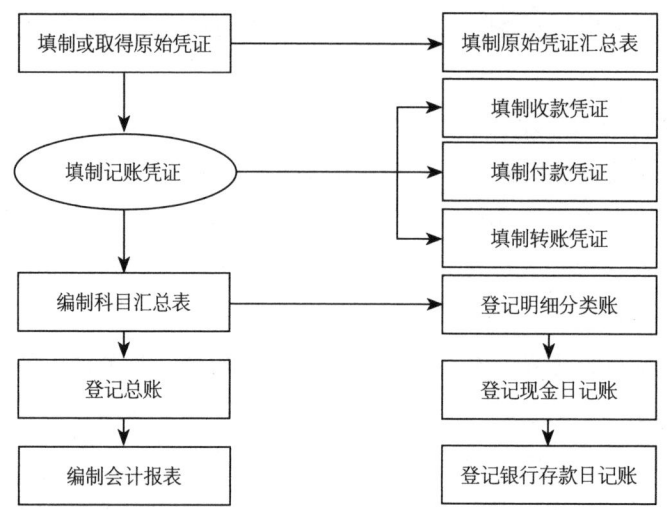

图 1-22　会计做账流程

1.3　明晰企业的设立过程

对于管理者来说，想要让企业发展壮大，首先肯定需要清楚企业的一些基本概况，这样才能把握住前进的方向，下面就来了解一下企业的设立事项。

1.3.1　我国企业组织形式有哪些

企业组织形式是指企业存在的形态和类型，我国企业组织形式主要有独资企业、合伙企业和公司制企业三种，其内容及设立条件如下所述。

（1）独资企业

独资企业是指由某个自然人出资创办的企业，有很大的自由度，通常都是自负盈亏，我国的个体户和私营企业很多都属于此类。这种企业的规模一般都比较小，优点是经营者和所有者合一，经营方式灵活，设立程序简单。但是这类企业自身财力有限，抵御风险的能力较弱。独资企业的设立需要满足以下条件：

①企业名称符合法律规定；
②投资人为一个自然人；
③具备经营场所和生产经营条件；
④有必要的从业人员；
⑤出资符合规定。

（2）合伙企业

合伙企业是指由两个以上的自然人订立合伙协议，共同出资、合伙经营、共享收益、共担风险，并对合伙企业债务承担无限连带责任的营利性组织，具有以下优点：

①合伙人组成灵活，既有对合伙企业债务承担无限连带责任的普通合伙人，也可以有按认缴出资额为限承担责任的有限合伙人；

②合伙企业作出决议时，对于合伙协议未约定或约定不明确的，可实行投票表决办法，避免完全由出资大小决定；

③合伙企业管理相对轻松，但也具有一定缺点，对企业债务承担无限连带责任的合伙人，转让其所有权时需要取得其他合伙人的同意，有时甚至还需要修改合伙协议。

合伙企业的设立需要满足以下条件，如图 1-23 所示。

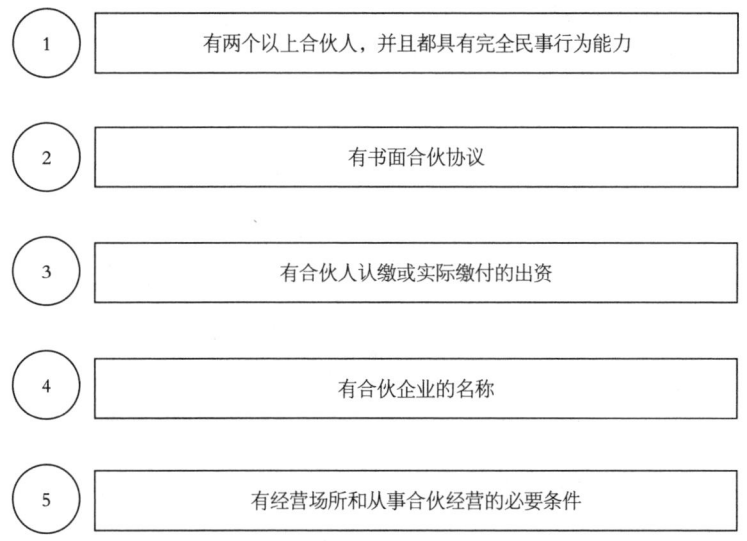

图 1-23　合伙企业设立的条件

（3）公司制企业

公司制企业是指以营利为目的，由许多投资者共同出资组建，股东以其投资额为限对公司负责，公司以其全部财产对外承担民事责任的一种组织形式。它具有以下一些特点：

①股东以其出资额为限承担责任；
②股份可以转让，流动性好；
③可以募集大量资金；
④管理较科学，效率较高；
⑤创办手续复杂，费用高；
⑥保密性差，财务状况比较透明；
⑦社会负担重，要承担双重税负。

无论采用何种组织形式，企业都具有两种基本的经济权利，即所有权和经营权，它们是企业从事经济活动和财务运作的基础。

1.3.2　有限责任公司与股份有限公司的区别

在现代企业组织形式中，公司制企业是被广泛运用的，主要包括有限责任公司与股份有限公司两种形式，其内容及设立条件如下所述：

（1）有限责任公司

有限责任公司是指每个股东以其认缴的出资额为限对公司承担有限责任，公司以其全部资产对公司债务承担全部责任的经济组织，其设立条件如图1-24所示。

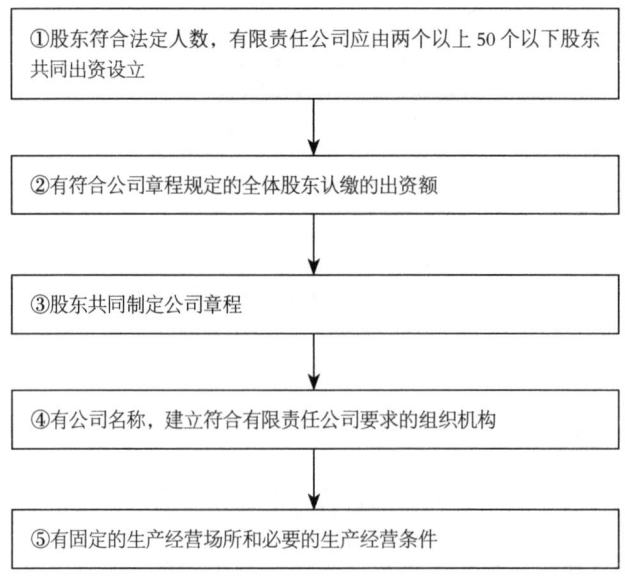

图1-24　有限责任公司设立的条件

（2）股份有限公司

股份有限公司是指公司资本由股份组成，股东以其认购的股份为限对公司承担责任的经济组织。其设立条件如下所述：

①发起人符合法定人数；

②有符合公司章程规定的全体发起人认购的股本总额或者募集的实收股本总额；

③股份发行、筹办事项符合法律规定；

④发起人制定公司章程，采用募集方式设立的经创立大会通过；

⑤有公司名称，建立符合股份有限公司要求的组织机构；

⑥有公司住所。

根据其设立条件可以看出有限责任公司与股份有限公司的区别，除此之外，有限责任公司与股份有限公司还具有表 1-9 中的几点区别。

表 1-9 有限责任公司与股份有限公司的区别

区 别	有限责任公司	股份有限公司
股权转让	有限责任公司的股东向股东以外的人转让股权，需要经全体股东过半数同意	股份有限公司的股东向股东以外的人转让股权没有限制，可自由转让
股票发行	有限责任公司不能公开募集股份，不能公开发行股票	股份有限公司可以公开发行股票
披露信息	有限责任公司不用向社会公开披露财务、生产、经营管理的信息	股份有限公司的股东人数多，流动频繁，需要向社会公开财务状况

1.3.3 如何制定规范的公司章程

从企业的设立条件可以看出，无论是有限责任公司还是股份有限公司都需要有合规的公司章程，主要作用如下所述：

①订立公司章程是设立公司的条件之一。公司章程是公司设立的最重要的文件，公司的设立程序从订立公司章程开始，以设立登记结束。

②公司章程是确定公司权利、义务关系的基本法律文件，公司依公司章程享有各项权利，并承担各项义务。

③公司章程是公司对外进行经营交往的基本法律依据，规定了公司的组织和活动原则及其细则，包括经营目的、财产状况、权利与义务关系等，为与投资者、债权人和第三方等进行经济交往时提供了条件和资信依据。

为了更规范地制定公司章程，管理者需要了解其记载事项有哪些。根据《中华人民共和国公司法》（以下简称《公司法》）第四十六条规定："有限责任公司章程应当载明下列事项：

（一）公司名称和住所；

（二）公司经营范围；

（三）公司注册资本；

（四）股东的姓名或者名称；

（五）股东的出资额、出资方式和出资日期；

（六）公司的机构及其产生办法、职权、议事规则；

（七）公司法定代表人的产生、变更办法；

（八）股东会认为需要规定的其他事项。

股东应当在公司章程上签名或者盖章。"

根据我国《公司法》第九十五条规定："股份有限公司章程应当载明下列事项：

（一）公司名称和住所；

（二）公司经营范围；

（三）公司设立方式；

（四）公司注册资本、已发行的股份数和设立时发行的股份数，面额股的每股金额；

（五）发行类别股的，每一类别股的股份数及其权利和义务；

（六）发起人的姓名或者名称、认购的股份数、出资方式；

（七）董事会的组成、职权和议事规则；

（八）公司法定代表人的产生、变更办法；

（九）监事会的组成、职权和议事规则；

（十）公司利润分配办法；

（十一）公司的解散事由与清算办法；

（十二）公司的通知和公告办法；

（十三）股东会认为需要规定的其他事项。"

第2章

读懂财务报表背后的数据

财务报表反映了企业的财务状况,是企业财务成果的直接体现。管理者想要掌握企业的财务状况,就需要了解报表数据的来源,读懂报表数据背后的意义,以便为决策提供有用信息,也有助于提高管理能力。

2.1 读懂资产负债表

资产负债表是反映企业在某一特定日期的全部资产、负债和所有者权益情况,将某一特定日期的资产、负债、所有者权益的具体项目按照一定顺序排列编制而成的会计报表。

2.1.1 明白资产负债表的数据来源

资产负债表除了可以反映企业的资产、负债、所有者权益总额及其分布情况外,还可以用来评价企业的偿债能力与盈利能力等,对于管理者了解企业的财务状况有着重要的作用。资产负债表主要有两种格式,账户式和报告式。我国企业采用的是账户式资产负债表,如图2-1所示。

从图2-1中可以看出,账户式资产负债表为左右结构,左边列示资产项目,右边列示负债和所有者权益项目。这三大类项目又按以下方式来排列具体项目。

①资产项目:资产项目按流动性,分为流动资产与非流动资产,流动性大的排在前,流动性小的排在后,包括货币资金、存货、应收账款、固定资产、在建工程和投资性房地产等项目。

资产负债表

编制单位：　　　　　　　　　　　　　年　月　日　　　　　　　　　　　单位：元

资产	期末余额	上年年末余额	负债和所有者权益（或股东权益）	期末余额	上年年末余额
流动资产：			流动负债：		
货币资金			短期借款		
交易性金融资产			交易性金融负债		
衍生金融资产			衍生金融负债		
应收票据			应付票据		
应收账款			应付账款		
应收款项融资			预收款项		
预付款项			合同负债		
其他应收款			应付职工薪酬		
存货			应交税费		
合同资产			其他应付款		
持有待售资产			持有待售负债		
一年内到期的非流动资产			一年内到期的非流动负债		
其他流动资产			其他流动负债		
流动资产合计			流动负债合计		
非流动资产：			非流动负债：		
债权投资			长期借款		
其他债权投资			应付债券		
长期应收款			其中：优先股		
长期股权投资			永续债		
其他权益工具投资			租赁负债		
其他非流动金融资产			长期应付款		
投资性房地产			预计负债		
固定资产			递延收益		
在建工程			递延所得税负债		
生产性生物资产			其他非流动负债		
油气资产			非流动负债合计		
使用权资产			负债合计		
无形资产			所有者权益（或股东权益）：		
开发支出			实收资本（或股本）		
商誉			其他权益工具		
长期待摊费用			其中：优先股		
递延所得税资产			永续债		
其他非流动资产			资本公积		
非流动资产合计			减：库存股		
			其他综合收益		
			专项储备		
			盈余公积		
			未分配利润		
			所有者权益（或股东权益）合计		
资产总计			负债和所有者权益（或股东权益）总计		

单位负责人：　　　　　　　　财务主管：　　　　　　　　制表人：

图 2-1　账户式资产负债表

②负债项目：负债项目是按到期日的远近排列，到期日近的排在前，到期日远的排在后，分为流动负债与非流动负债，主要包括短期借款、应付职工薪酬、应交税费和长期借款等项目。

③所有者权益项目：所有者权益项目是按投入资本和留存收益顺序排列，包括实收资本、资本公积、盈余公积和未分配利润等项目。

由于资产负债表是根据"资产＝负债＋所有者权益"这一会计恒等式编制的，故资产负债表左右两方项目的合计数应保持平衡，这也是编制资产负债表的首要原则。

那么资产负债表中各项目数据又是怎样得来的呢？计算方式见表 2-1。

表 2-1 资产负债表各项目数据计算方式

项　目	常见项目计算方式
资　产	常见资产项目计算方式如下： ①货币资金 = 库存现金 + 银行存款 + 其他货币资金； ②应收票据 = 应收票据； ③应收账款 = 应收账款（借）+ 预收账款（借）； ④预付账款 = 应付账款（借）+ 预付账款（借）； ⑤其他应收款 = 应收股利 + 应收利息等 − 坏账准备； ⑥存货 = 各种材料 + 库存商品 + 在产品 + 半成品 + 包装物 + 低值易耗品 + 委托代销商品等； ⑦固定资产 = 固定资产原价 − 累计折旧 − 固定资产减值准备； ⑧无形资产 = 无形资产原值 − 累计摊销 − 无形资产减值准备
负　债	常见负债项目计算方式如下： ①短期借款 = 短期借款； ②应付票据 = 应付票据； ③应付账款 = 应付账款（贷）+ 预付账款（贷）； ④应付职工薪酬 = 应付职工薪酬期末贷方余额， 若"应付职工薪酬"科目期末为借方余额，则以"−"号填列； ⑤应交税费 = 应交税费， 若"应交税费"科目期末为借方余额，以"−"号填列； ⑥预收账款 = 应收账款（贷）+ 预收账款（贷）
所有者权益	常见所有者权益项目计算方式如下： ①资本公积 = 资本公积； ②盈余公积 = 盈余公积； ③未分配利润 = 本年利润 + 利润分配， 若有需要弥补的亏损，则以"−"号填列； ④实收资本 = 实收资本

从表 2-1 中可以看出，有些项目是直接根据总账余额填列的，有些是根据计算得来的，主要体现了资产负债表的五种编制方法，如下所述：

①根据总账科目余额直接填列：如"应收票据"和"短期借款"等都是根据总账余额直接填列的。

②根据总账科目余额计算填列：如"货币资金"项目，是根据"库存现金""银行存款"和"其他货币资金"科目的期末余额合计填列的。

③根据明细科目余额计算填列：如"应付账款"项目，是根据"应付账款"和"预付账款"科目所属相关明细科目的期末贷方余额计算填列的。

④根据总账科目和明细科目余额分析计算填列：如"长期借款"项目，是根据"长期借款"总账科目的期末余额，扣除"长期借款"科目所属明细科目中将于一年内到期的长期借款部分分析计算填列的。

⑤根据科目余额减去其备抵项目后的净额填列：如固定资产与无形资产等项目。

下面通过一个案例来更直观地了解资产负债表数据的来源。

实例分析 A企业20×2年资产负债表数据来源分析

表2-2为A企业20×2年12月的科目余额表。

表2-2 A企业20×2年12月科目余额表

单位：元

科目名称	借方余额	贷方余额	科目名称	借方余额	贷方余额
库存现金	6 000.00		短期借款		72 710.00
银行存款	215 578.00		预收账款		7 780.00
其他货币资金	16 500.00		应付账款	4 300.00	93 870.00
应收票据	11 250.00		应付职工薪酬		38 000.00
应收账款	36 661.00	4 200.00	应交税费		6 820.00
其他应收款	10 887.00		其他应付款		11 835.00
材料采购	92 100.00				
周转材料	15 010.00		长期借款		72 742.00
库存商品	78 990.00		股本		365 052.00
预付账款	7 000.00	3 500.00	资本公积		101 603.00
长期股权投资	113 260.00		未分配利润		34 012.00

续上表

科目名称	借方余额	贷方余额	科目名称	借方余额	贷方余额
长期应收款	50 000.00				
固定资产	106 340.00				
累计折旧	−70 552.00				
固定资产减值准备	−6 200.00				
在建工程	186 195.00				
无形资产	125 000.00				

根据以上科目余额表，可以得出资产负债表中以下数据，其余数据根据总账余额直接填列即可。

①货币资金 =6 000.00+215 578.00+16 500.00=238 078.00（元）

②应收账款根据科目余额表可以得出借方余额合计为 36 661.00（元）

又因为预收账款借方余额为 0.00，故应收账款项目 =36 661.00（元）

③预付账款 =4 300.00+7 000.00=11 300.00（元）

④存货 =92 100.00+ 15 010.00+78 990.00=186 100.00（元）

⑤固定资产净额 =106 340.00−70 552.00−6 200.00=29 588.00（元）

⑥应付账款 =93 870.00+3 500.00=97 370.00（元）

⑦预收账款 =7 780.00+4 200.00=11 980.00（元）

故而可以得出该企业 20×2 年度的资产负债表，见表 2-3。

表 2-3　A 企业 20×2 年资产负债表

编制单位：A 企业　　　　　　　20×2 年 12 月 31 日　　　　　　　单位：元

项　目	期末余额	负债和所有者权益（或股东权益）	期末余额
流动资产：		流动负债：	
货币资金	238 078.00	短期借款	72 710.00
应收票据	11 250.00	应付账款	97 370.00

续上表

项目	期末余额	负债和所有者权益（或股东权益）	期末余额
应收账款	36 661.00	预收款项	11 980.00
预付账款	11 300.00	应付职工薪酬	38 000.00
其他应收款	10 887.00	应交税费	6 820.00
存货	186 100.00	其他应付款	11 835.00
流动资产合计	294 998.00		
长期应收款	50 000.00	流动负债合计	238 715.00
流动资产合计	494 276.00	长期借款	72 742.00
长期应收款	50 000.00	非流动负债合计	72 742.00
长期股权投资	113 260.00	负债合计	311 457.00
固定资产	29 588.00	所有者权益（或股东权益）：	
无形资产	125 000.00	实收资本（或股本）	365 052.00
非流动资产合计	317 848.00	资本公积	101 603.00
		未分配利润	34 012.00
		所有者权益（或股东权益）合计	500 667.00
资产总计	812 124.00	负债和所有者权益（或股东权益）总计	812 124.00

2.1.2 资产负债表水平分析

资产负债表反映了企业在特定时点的财务状况，是企业的经营管理活动成果的集中体现，通过分析资产负债表可以得出下列信息：

①资产负债表相关项目的内含；

②企业财务状况的变动情况及变动原因；
③企业会计对企业经营状况的反映程度；
④企业的会计政策；
⑤资产负债表的数据是否正确。

所以对于管理者来说，分析资产负债表是很有必要的。资产负债表分析可以从水平分析、垂直分析和具体各项目三个角度进行，本节主要讲述资产负债表的水平分析。

资产负债表水平分析是将分析期的各项目数据与上年或计划、预算数据进行比较，计算出变动额、变动率以及该项目对资产总额、负债总额和所有者权益总额的影响程度，主要可以从以下三方面进行。

（1）从投资角度进行分析

从投资角度分析可以由以下几点入手，如图2-2所示。

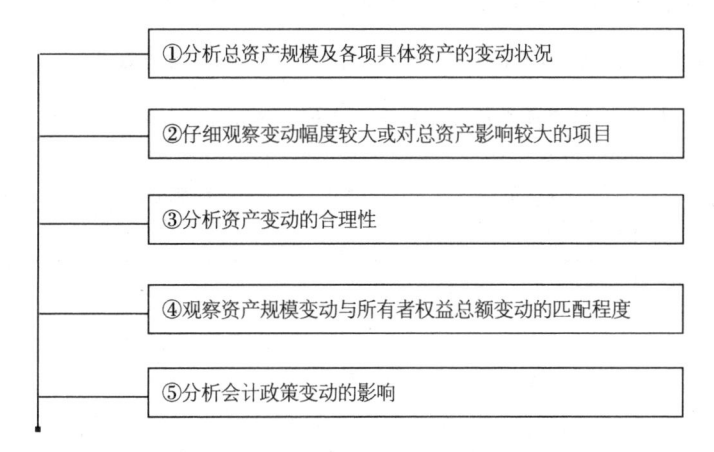

- ①分析总资产规模及各项具体资产的变动状况
- ②仔细观察变动幅度较大或对总资产影响较大的项目
- ③分析资产变动的合理性
- ④观察资产规模变动与所有者权益总额变动的匹配程度
- ⑤分析会计政策变动的影响

图 2-2　从投资角度分析资产负债表

（2）从筹资角度进行分析

从筹资角度进行分析需要把握好以下三点：
①分析权益总额及各类筹资项目的变动状况；
②观察变动幅度较大或对权益影响较大的重点类别和项目；
③注意分析表外业务的影响。

（3）对资产负债表变动原因的分析评价

资产负债表变动主要有以下四种情形，如图2-3所示。

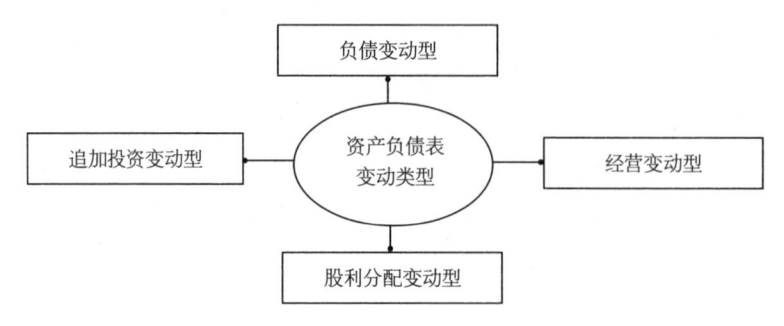

图 2-3　资产负债表变动类型

以上这四种类型都是在其他权益项目不变的情况下，由于负债变动、投资人追加投资或收回投资、企业经营、股利分配等引起的资产负债表变动。下面通过一个案例来更直观地了解如何进行资产负债表水平分析。

实例分析 B 企业 20×1 年及 20×2 年资产负债表水平分析

表 2-4 为 B 企业 20×1 年及 20×2 年资产负债表相关数据。

表 2-4　B 企业 20×1 年及 20×2 年资产负债表水平分析数据

项　目	20×2 年（元）	20×1 年（元）	增减百分比（%）	对总资产的影响（%）
流动资产：				
货币资金	1 107 800.00	726 370.00	52.51	15.26
应收票据	413 054.00	356 218.00	15.96	2.27
应收账款	525 162.00	410 456.00	27.95	4.59
应收股利	1 300.00	—	—	0.05
应收利息	4 000.00	—	—	0.16
其他应收款	10 380.00	9 500.00	9.26	0.04
存货	465 006.00	324 250.00	43.41	5.63

续上表

项　目	20×2年（元）	20×1年（元）	增减百分比（%）	对总资产的影响（%）
流动资产合计	2 526 702.00	1 826 794.00	38.31	28.01
非流动资产：				
其他债权投资	2 266.00	2 189.00	3.52	0
投资性房地产	6 010.00	—	—	0.24
长期股权投资	209 788.00	122 021.00	71.93	3.51
固定资产	526 208.00	234 740.00	124.17	11.66
在建工程	65 571.00	49 190.00	33.30	0.66
无形资产	544 229.00	263 939.00	106.19	11.22
长期待摊费用	40.00	117.00	-65.81	0
非流动资产合计	1 354 112.00	672 196.00	101.45	27.29
资产总计	3 880 814.00	2 498 990.00	55.30	55.30
流动负债：				
短期借款	106 123.00	—	—	4.25
应付票据	242 706.00	111 490.00	117.69	5.25
应付账款	548 851.00	324 650.00	69.06	8.97
预收账款	605 230.00	313 234.00	93.22	11.68
应付职工薪酬	94 210.00	50 479.00	86.63	1.75
应交税费	102 030.00	61 006.00	67.25	1.64

续上表

项　目	20×2年（元）	20×1年（元）	增减百分比（%）	对总资产的影响（%）
应付股利	34 282.00	19 092.00	79.56	0.61
应付利息	9 594.00	—	—	0.38
其他应付款	205 604.00	160 029.00	28.48	1.82
流动负债合计	1 948 630.00	1 039 980.00	87.37	36.36
非流动负债：				
预计负债	100 258.00	—	—	4.01
其他非流动负债	58 379.00	74 642.00	-21.79	-0.65
非流动负债合计	158 637.00	74 642.00	112.53	3.36
负债合计	2 107 267.00	1 114 622.00	89.06	39.72
所有者权益：				
实收资本	394 696.00	243 850.00	61.86	6.04
资本公积	282 090.00	103 452.00	172.68	7.15
盈余公积	146 160.00	126 174.00	15.84	0.80
未分配利润	950 601.00	910 892.00	4.36	1.59
所有者权益合计	1 773 547.00	1 384 368.00	28.11	15.57
负债及所有者权益总计	3 880 814.00	2 498 990.00	55.30	55.30

表2-4中"增减百分比"=[本年度各项目余额－基期（上期）该项目余额]÷基期该项目余额×100%，如B企业20×2年度货币资金的增减百分比=（1 107 800.00－726 370.00）÷726 370.00×100%≈52.51%。

"对总资产的影响"=各项目的变动额÷基期总资产（基期的资产总计数），其中"变动额"等于该项目当期余额与基期余额之差，如B企业20×2年度货币资金增减额对总资产的影响=（1 107 800.00−726 370.00）÷2 498 990.00×100% ≈ 15.26%。据此可计算出所有资产负债表项目的增减百分比和对总资产的影响程度。

从表2-4的数据中可以看出，B企业的财务状况变化主要体现在以下几个方面：

① 20×2年流动资产比20×1年增长38.31%，总资产规模增加55.3%，主要是货币资金增加52.51%、存货增加43.41%、应收账款增加27.95%所致。可以看出货币资金增长最大，说明该企业的资金流动性增强，但保留过多的货币资金会降低企业资金的利用率，从而降低盈利能力，所以需要在保证企业资金流动性的同时提高货币资金利用效率。此外，存货的增长比重也较大，虽然存货增加有助于扩大资产规模，但是企业也应注意加快存货周转速度。

② 20×2年的长期股权投资增长71.93%，可能是两种情况造成的。一是由于该企业对外单位进行投资，使长期股权投资增加；二是由于该企业投资的其他企业的所有者权益增加，投资有成效，导致长期股权投资增加。无论是哪种情况，都要需要注意收入与风险并存。

③ 20×2年的固定资产增加124.17%，说明企业正在扩大自身的规模，提高生产能力。同时，无形资产增加106.19%，说明该企业的软实力和竞争力在增强。

④ 20×2年的流动负债增加87.37%，其中应付职工薪酬增加的86.63%、应付票据增加的117.69%、应付账款增加的69.06%，是企业流动负债增加的主要原因。至于企业的偿债能力是否在减弱，需要结合相关财务指标进行更详细、合理的分析，这里不再详述。

2.1.3 资产负债表垂直分析

资产负债表垂直分析是指通过计算资产负债表中各项目占总资产或权益总额的比重，来分析评价企业资产结构和权益结构变动的合理程度，可以从静态分析和动态分析角度出发。

所谓静态分析是以本期资产负债表为对象进行分析，动态分析是将本期资产负债表与选定的标准进行比较，具体可以从以下两个方面去分析资产负债表的结构变动情况。

（1）资产结构分析

资产结构分析主要是从静态角度观察企业资产的配置情况，通过与行业平均水平或可比企业的资产结构比较，评价其合理性；再从动态角度分析资产结构的变动情况，对资产的稳定性作出评价。

（2）资本结构分析

资本结构分析主要是从静态角度观察资本的构成，结合企业盈利能力和经营风险，评价其合理性；再从动态角度分析资本结构的变动情况，分析其对股东收益产生的影响。

还是以 B 企业为例，说明如何进行资产负债表垂直分析。

实例分析 B 企业 20×1 年及 20×2 年资产负债表垂直分析

根据表 2-4 的 B 企业 20×1 年及 20×2 年资产负债表相关数据，可以得出该企业的资产负债表垂直分析表，见表 2-5。

表 2-5　B 企业 20×1 年及 20×2 年资产负债表分析数据

项　目	20×2年(%)	20×1年(%)	变动情况(%)	项　目	20×2年(%)	20×1年(%)	变动情况(%)
流动资产：				流动负债：			
货币资金	28.55	29.07	-0.52	短期借款	2.73	0	2.73
应收票据	10.64	14.25	-3.61	应付票据	6.25	4.46	1.79
应收账款	13.53	16.42	-2.89	应付账款	14.14	12.99	1.15
应收股利	0.03	0	0.03	预收账款	15.60	12.53	3.06
应收利息	0.10	0	0.10	应付职工薪酬	2.43	2.02	0.41
其他应收款	0.27	0.38	-0.11	应交税费	2.63	2.44	0.19

续上表

项目	20×2年(%)	20×1年(%)	变动情况(%)	项目	20×2年(%)	20×1年(%)	变动情况(%)
存货	11.98	12.98	-0.99	应付股利	0.88	0.76	0.12
流动资产合计	65.11	73.10	-7.99	应付利息	0.25	0	0.25
非流动资产:				其他应付款	5.30	6.40	-1.11
其他债权投资	0.06	0.09	-0.03	流动负债合计	50.21	41.62	8.60
投资性房地产	0.15	0	0.15	非流动负债:			
长期股权投资	5.41	4.88	0.52	预计负债	2.58	0	2.58
固定资产	13.56	9.39	4.17	其他非流动负债	1.50	2.99	-1.48
在建工程	1.69	1.97	-0.28	非流动负债合计	4.09	2.99	1.10
无形资产	14.02	10.56	3.46	负债合计	54.30	44.60	9.70
长期待摊费用	0	0	0	所有者权益:			
非流动资产合计	34.89	26.90	7.99	实收资本	10.17	9.76	0.41
				资本公积	7.27	4.14	3.13
				盈余公积	3.77	5.05	-1.28
				未分配利润	24.49	36.45	-11.96
				所有者权益合计	45.70	55.40	-9.70
资产总计	100.00	100.00	0	负债及所有者权益合计	100.00	100.00	0

表 2-5 中，"20×2 年及 20×1 年（%）"表示各项目占总资产的比重，如 B 企业 20×2 年货币资金（%）= 本期货币资金余额 ÷ 本期总资产。"变动情况（%）"表示各项目当期占总资产的比重与上期占总资产的比重之差。

根据表 2-5 的计算结果，从静态角度来看，该企业 20×2 年流动资产比重为 65.11%，非流动资产占比 34.89%，说明该企业资产流动性较高，与 20×1 年的相关数据相比，显示出资产流动性的增强趋势。

从动态角度来看，企业 20×2 年各项资产变动幅度不是特别大，说明该企业资产结构比较稳定；该企业 20×2 年所有者权益比重比 20×1 年所有者权益比重下降 9.70%，负债比重上升 9.70%，两者的相互作用，使得该企业总资产的变动幅度为 0。负债与所有者权益各项目的变动幅度也不大，说明该企业资本结构比较稳定。

2.2 读懂利润表与现金流量表

利润表是反映企业一定会计期间生产经营成果的会计报表，而现金流量表则可以反映出企业在一定时期现金的增减变动情况。

2.2.1 搞懂利润表中的数据来源

利润表全面揭示了企业在某一特定时期实现的各种收入、发生的各种费用、成本或支出，以及企业实现的利润或发生的亏损情况。管理者可以参考或依据利润表反映的相关信息进行决策。利润表主要有以下三大作用：

①解释、评价和预测企业的经营成果和获利能力。通过比较和分析收益相关的信息，可以了解企业收益增长的规模与趋势。

②解释、评价和预测企业的偿债能力。虽然利润表本身并不能提供有关偿债能力的信息，但是企业的偿债能力不仅取决于资产的流动性和资本结构，还取决于获利能力。若企业长期丧失获利能力，就可能陷入资不抵债的困境，偿债能力也会很差。

③据以评价和考核管理人员的绩效。通过比较前后期各项收入、费用、成本及收益的增减变动情况，了解清楚其增减变动的原因，可以较为客观地评价各职能部门，以及人员的工作绩效与整个企业经营成果的关系，便于评判各部门管理人员的功过得失，及时进行人事调整等，使各项活动趋于合理。

利润表主要有单步式与多步式两种格式，我国企业多数采用的是多步式利润表，如图 2-4 所示。

利润表

编制单位：　　　　　　　××年××月　　　　　　　　　单位：元

项目	本期金额	上期金额
一、营业收入		
减：营业成本		
税金及附加		
销售费用		
管理费用		
研发费用		
财务费用		
其中：利息费用		
利息收入		
加：其他收益		
投资收益（损失以"-"号填列）		
其中：对联营企业和合营企业的投资收益		
以摊余成本计量的金融资产终止确认收益（损失以"-"填列）		
净敞口套期收益（损失以"-"号填列）		
公允价值变动收益（损失以"-"号填列）		
信用减值损失（损失以"-"号填列）		
资产减值损失（损失以"-"号填列）		
资产处置收益（损失以"-"号填列）		
二、营业利润（亏损以"-"号填列）		
加：营业外收入		
减：营业外支出		
三、利润总额（亏损总额以"-"号填列）		
减：所得税费用		
四、净利润（净亏损以"-"号填列）		
（一）持续经营净利润（净亏损以"-"号填列）		
（二）终止经营净利润（净亏损以"-"号填列）		
五、其他综合收益的税后净额		
（一）不能重分类进损益的其他综合收益		
1.重新计量设定受益计划变动额		
2.权益法下不能转损益的其他综合收益		
3.其他权益工具投资公允价值变动		
4.企业自身信用风险公允价值变动		
……		
（二）将重分类进损益的其他综合收益		
1.权益法下可转损益的其他综合收益		
2.其他债权投资公允价值变动		
3.金融资产重分类计入其他综合收益的金额		
4.其他债权投资信用减值准备		
5.现金流量套期储备		
6.外币财务报表折算差额		
……		
六、综合收益总额		
七、每股收益：		
（一）基本每股收益		
（二）稀释每股收益		

图 2-4　多步式利润表

由图 2-4 中可以看出利润表主要包括收入、成本、费用、利润四大项目，根据利润表结构可以计算企业的净利润，主要有以下四个步骤：

①依据期末试算平衡表中各损益类账户会计科目的发生额，结合有关明细账户的发生额，计算填制利润表相关项目；

②计算营业利润；

③计算利润总额；

④计算净利润。

下面就通过一个案例来直观地了解利润表中的数据是如何得来的。

实例分析 C 企业 20×2 年利润表数据分析

表 2-6 为 C 企业 20×2 年各损益类项目的累计发生额。

表 2-6　C 企业 20×2 年各损益类科目累计发生额

单位：元

科目名称	借方余额	贷方余额
营业收入		5 830 800.00
营业成本	804 020.00	
税金及附加	11 200.00	
销售费用	22 400.00	
管理费用	130 900.00	
财务费用	38 000.00	
资产减值损失	18 000.00	
投资收益		20 800.00
营业外收入		73 000.00
营业外支出	17 700.00	
所得税费用	165 000.00	

根据表 2-6 中的内容可以得出以下相关数据：

①营业利润 = 营业收入 - 营业成本 - 税金及附加 - 销售费用 - 管理费用 - 财务费用 - 资产减值损失 + 公允价值变动收益（或 "-" 变动损失）+ 投资

收益（或"-"投资损失）＝5 830 800.00－804 020.00－11 200.00－22 400.00－130 900.00－38 000.00－18 000.00＋20 800.00＝4 827 080.00（元）

②利润总额＝营业利润＋营业外收入－营业外支出＝4 827 080.00＋73 000.00－17 700.00＝4 882 380.00（元）

③净利润＝利润总额－所得税费用＝4 882 380.00－165 000.00＝4 717 380.00（元）

故可以编制出该企业20×2年的利润表简表，见表2-7。

表2-7　C企业20×2年利润表简表

单位：元

项　目	本期金额	上期金额
一、营业收入	5 830 800.00	
减：营业成本	804 020.00	
税金及附加	11 200.00	
销售费用	22 400.00	
管理费用	130 900.00	
研发费用		
财务费用	38 000.00	
其中：利息费用		
利息收入		
加：其他收益		
投资收益（损失以"-"号填列）	20 800.00	
其中：对联营企业和合营企业的投资收益		
以摊余成本计量的金融资产终止确认收益（损失以"-"填列）		
公允价值变动收益（损失以"-"号填列）		
资产减值损失（损失以"-"号填列）	18 000.00	
二、营业利润（亏损以"-"号填列）	4 827 080.00	

续上表

项目	本期金额	上期金额
加：营业外收入	73 000.00	
减：营业外支出	17 700.00	
三、利润总额（亏损总额以"-"号填列）	4 882 380.00	
减：所得税费用	165 000.00	
四、净利润（净亏损以"-"号填列）	4 717 380.00	

2.2.2 利润表数据分析

利润表分析主要是分析企业组织经营活动、控制成本费用，以及实现盈利的能力，评价企业的经营成果。对于利润表的分析，主要可以从以下四个方面入手，如图2-5所示。

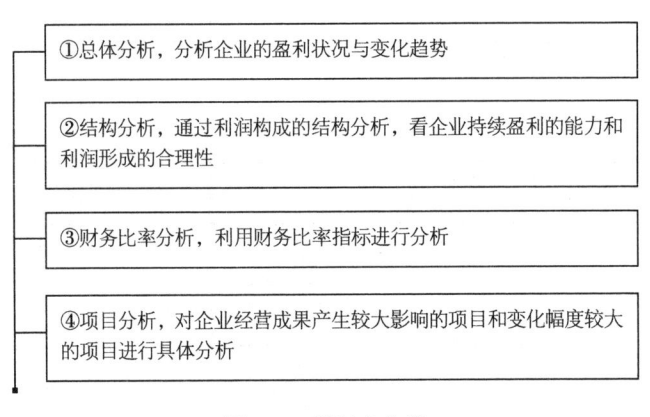

- ①总体分析，分析企业的盈利状况与变化趋势
- ②结构分析，通过利润构成的结构分析，看企业持续盈利的能力和利润形成的合理性
- ③财务比率分析，利用财务比率指标进行分析
- ④项目分析，对企业经营成果产生较大影响的项目和变化幅度较大的项目进行具体分析

图 2-5　利润表分析

利润表的分析思路不止一种，最基本也最主要的是从整体角度去分析，再结合一些变动比较大的项目分析企业的盈利状况。下面就通过一个案例来说明如何从整体角度分析利润表。

实例分析 甲企业利润表数据总体分析

表 2-8 为甲企业 20×0 年、20×1 年及 20×2 年的利润表相关数据。

表 2-8 甲企业 20×0 年及 20×2 年利润表相关数据

单位：元

项 目	20×2年	20×1年	20×0年
一、营业收入	9 836 700.00	7 562 600.00	5 830 800.00
减：营业成本	1 247 600.00	924 530.00	504 220.00
税金及附加	130 400.00	110 000.00	91 200.00
销售费用	297 000.00	187 400.00	110 400.00
管理费用	180 900.00	128 900.00	100 000.00
财务费用	61 250.00	48 000.00	32 000.00
资产减值损失	40 000.00	20 000.00	18 000.00
加：投资收益	31 600.00	52 300.00	30 800.00
二、营业利润	7 911 150.00	6 196 070.00	5 005 780.00
加：营业外收入	95 000.00	74 000.00	55 000.00
减：营业外支出	23 000.00	17 900.00	12 000.00
三、利润总额	7 983 150.00	6 252 170.00	5 048 780.00
减：所得税费用	184 000.00	165 000.00	115 000.00
四、净利润	7 799 150.00	6 087 170.00	4 933 780.00

由表 2-8 的数据可以得出以下三个结论：

①该企业 20×0 年及 20×2 年的营业收入与净利润都在增长，20×1 年营业收入比 20×0 年增长 1 731 800.00 元（7 562 600.00-5 830 800.00），净利润增长 1 153 390.00 元（6 087 170.00-4 933 780.00）；20×2 年营业收入比 20×1 年增长 2 274 100.00 元（9 836 700.00-7 562 600.00），净利润增长 1 711 980.00 元（7 799 150.00-6 087 170.00）。

②该企业 20×1 年相比于 20×0 年的营业成本增加得比较多，可能是原材料上涨或人工成本增加等原因。

③该企业 20×0 年及 20×2 年的管理费用是一直在上涨的,且 20×2 年涨幅较大,企业应该关注其原因以避免一些不必要的开支。

2.2.3 现金流量表概述

现金流量表是反映一定时期内企业经营活动、投资活动和筹资活动对其现金及现金等价物产生影响的财务报表。现金流量表弥补了资产负债表信息量不足的问题,有助于管理者了解企业筹措现金、生成现金的能力。和资产负债表一样,我国现金流量表采用的也是账户式,如图 2-6 所示。

现金流量表

编制单位:　　　　　　　　　年　月　　　　　　　　单位:元

项目	本月金额	本年累计金额
一、经营活动产生的现金流量:		
销售商品、提供劳务收到的现金		
收到的税费返还		
收到其他与经营活动有关的现金		
经营活动现金流入小计		
购买商品、接受劳务支付的现金		
支付给职工以及为职工支付的现金		
支付的各项税费		
支付其他与经营活动有关的现金		
经营活动现金流出小计		
经营活动产生的现金流量净额		
二、投资活动产生的现金流量:		
收回投资收到的现金		
取得投资收益收到的现金		
处置固定资产、无形资产和其他长期资产收回的现金净额		
处置子公司及其他营业单位收到的现金净额		
收到其他与投资活动有关的现金		
投资活动现金流入小计		
购建固定资产、无形资产和其他长期资产支付的现金		
投资支付的现金		
取得子公司及其他营业单位支付的现金净额		
支付其他与投资活动有关的现金		
投资活动现金流出小计		
投资活动产生的现金流量净额		
三、筹资活动产生的现金流量:		
吸收投资收到的现金		
取得借款收到的现金		
收到其他与筹资活动有关的现金		
筹资活动现金流入小计		
偿还债务支付的现金		
分配股利、利润或偿付利息支付的现金		
支付其他与筹资活动有关的现金		
筹资活动现金流出小计		
筹资活动产生的现金流量净额		
四、汇率变动对现金及现金等价物的影响		
五、现金及现金等价物净增加额		
加:期初现金及现金等价物余额		
六、期末现金及现金等价物余额		

图 2-6　现金流量表示例

根据图 2-6 可以看出现金流量表主要包括经营活动产生的现金流量、投资活动产生的现金流量和筹资活动产生的现金流量三大项。

2.2.4　现金流量表信息解读

2.2.3 节已经了解了现金流量表主要包括三大项目，在每一大类项目下又包含着很多具体的小项目。那么从这些具体的小项目可以解读出什么样的信息呢？下面就来详细介绍。

（1）经营活动产生的现金流量

经营活动产生的现金流量是指除企业投资活动和筹资活动以外的所有的交易和事项产生的现金流量。根据《企业会计准则第 31 号——现金流量表》第十条规定："经营活动产生的现金流量至少应当单独列示反映下列信息的项目：

（一）销售商品、提供劳务收到的现金；
（二）收到的税费返还；
（三）收到其他与经营活动有关的现金；
（四）购买商品、接受劳务支付的现金；
（五）支付给职工以及为职工支付的现金；
（六）支付的各项税费；
（七）支付其他与经营活动有关的现金。"

其中，有关经营活动现金流量的信息，可以通过下列途径取得：

①企业会计记录。
②根据下列项目对利润表中的营业收入、营业成本，以及其他项目进行调整。

- 当期存货及经营性应收和应付项目的变动。
- 固定资产折旧、无形资产摊销、计提资产减值准备等其他非现金项目。
- 属于投资活动或筹资活动现金流量的其他非现金项目。

通过比较现金流量表中经营活动产生的现金流量各项目，可以得到以下信息：

①将销售商品、提供劳务收到的现金与购进商品、接受劳务付出的现金进行比较：在企业经营正常的情况下，二者的比较是有意义的，比率大，说明企业的销售回款情况良好。
②将销售商品、提供劳务收到的现金与经营活动现金流入量做比较：可大

致说明企业产品销售现款占经营活动流入的现金的比重，比重越大，说明企业主营业务突出，营销状况良好。

③将本期经营活动现金净流量与上期经营活动现金净流量相比：增长率越高，说明企业成长性越好。

（2）投资活动产生的现金流量

投资活动产生的现金流量是指企业长期资产（通常指变现周期一年以上）的购建及处置时产生的现金流量。

当企业扩大规模时，需要投入大量的现金。如果企业投资活动产生的现金流入量补偿不了流出量，则投资活动现金净流量为负数；但若企业投资有效，将会在未来产生现金净流入用于偿还债务且创造收益，企业也不会有偿债困难。因此，分析投资活动现金流量时，应结合企业具体的投资项目进行，不能简单地以现金净流入还是净流出来判断好坏。

（3）筹资活动产生的现金流量

筹资活动产生的现金流量是指导致企业资本及债务规模和构成发生变化的活动产生的现金流量。一般来说，筹资活动产生的现金净流入量越大，企业面临的偿债压力也越大；但若现金净流入量主要来自企业吸收的权益性资本，则不仅不会面临偿债压力，还会增强资金实力。管理者可将吸收权益性资本收到的现金与筹资活动现金总流入进行比较，所占比重大，说明企业资金实力强，财务风险较低。

2.3　关注所有者权益变动表与报表附注信息

虽然资产负债表中包含了所有者权益的大致情况，但是管理者若想要详细地了解所有者权益，还是需要读懂所有者权益变动表。除了基本的四大报表之外，财务报表附注反映出来的信息也很重要。

2.3.1　所有者权益变动表的构成

所有者权益变动表是全面反映企业本期内截至期末所有者权益变动情况的报表，其模板如图2-7所示。

所有者权益变动表

编制单位：　　　　　　　　　　　　　　年度　　　　　　　　　　　　　　单位：元

项目	本年金额									上年金额								
	实收资本（或股本）	其他权益工具			资本公积	减：库存股	其他综合收益	专项储备	盈余公积	未分配利润	所有者权益合计	实收资本（或股本）	其他权益工具			资本公积	减：库存股	其他综合收益	专项储备	盈余公积	未分配利润	所有者权益合计
		优先股	永续债	其他									优先股	永续债	其他							
一、上年年末余额																						
加：会计政策变更																						
前期差错更正																						
其他																						
二、本年年初余额																						
三、本期增减变动金额（减少以"-"号填列）																						
（一）综合收益总额																						
（二）所有者投入和减少资本																						
1. 所有者投入的普通股																						
2. 其他权益工具持有者投入资本																						
3. 股份支付计入所有者权益的金额																						
4. 其他																						
（三）利润分配																						
1. 提取盈余公积																						
2. 对所有者（或股东）的分配																						
3. 其他																						
（四）所有者权益内部结转																						
1. 资本公积转增资本（或股本）																						
2. 盈余公积转增资本（或股本）																						
3. 盈余公积弥补亏损																						
4. 设定受益计划变动额结转留存收益																						
5. 其他综合收益结转留存收益																						
6. 其他																						
四、本年年末余额																						

图 2-7　所有者权益变动表

所有者权益变动表至少应单独列示以下信息：

①综合收益总额，在合并所有者权益变动表中还应单独列示归属于母公司的所有者的综合收益总额和归属于少数股东的综合收益总额；

②会计政策变更和差错更正的累积影响金额；

③所有者投入资本和向所有者分配利润等；

④按规定提取的盈余公积；

⑤所有者权益各组成部分的期初和期末余额及其调节情况。

从图 2-7 中可以看出所有者权益变动表主要包括以下四项内容，如下所述：

（1）上年年末余额

上年年末余额主要反映上年资产负债表中实收资本（或股本）、资本公积、库存股、盈余公积、未分配利润的年末余额。

（2）本年年初余额

本年年初余额等于上年年末余额加上会计政策变更、前期差错更正及其他等于本年年初的余额。

（3）本期增减变动额

本期增减变动额主要反映以下五项内容：

① "综合收益总额"项目反映企业净利润与其他综合收益的合计金额。

② "所有者投入和减少资本"项目反映企业当年所有者投入的资本和减少的资本，具体又包括以下内容：

- "所有者投入的普通股"项目，反映企业接受投资者投入形成的实收资本（或股本）和资本公积。
- "其他权益工具持有者投入资本"项目，反映企业接受其他权益工具持有者投入资本。
- "股份支付计入所有者权益的金额"项目，反映企业处于等待期中的权益结算的股份支付当年计入资本公积的金额。

③ "利润分配"项目反映企业当年的利润分配情况，主要包括以下两项内容：

- "提取盈余公积"项目，反映企业按照规定提取的盈余公积。
- "对所有者（或股东）的分配"项目，反映企业对所有者（或股东）分配的利润（或股利）金额。

④ "所有者权益内部结转"项目反映企业构成所有者权益的组成部分之间的增减变动情况，主要包括以下内容，如图 2-8 所示。

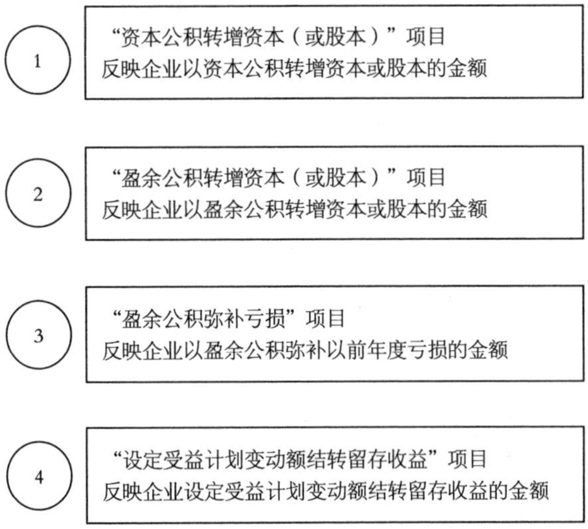

1. "资本公积转增资本（或股本）"项目
反映企业以资本公积转增资本或股本的金额

2. "盈余公积转增资本（或股本）"项目
反映企业以盈余公积转增资本或股本的金额

3. "盈余公积弥补亏损"项目
反映企业以盈余公积弥补以前年度亏损的金额

4. "设定受益计划变动额结转留存收益"项目
反映企业设定受益计划变动额结转留存收益的金额

图 2-8　所有者权益内部结转项目

（4）本年年末余额

本年年末余额即反映企业本年所有者权益变动表的余额。

2.3.2 所有者权益变动表信息解读

第2.3.1节已经解释了所有者权益变动表的相关内容，但是其反映出的信息应该如何去分析呢？本小节就来详细了解。

所有者权益变动表分析与资产负债表分析一样，也可以从水平分析、垂直分析与结合主要项目分析三方面来解读。

下面通过一个案例来对所有者权益变动表进行水平分析与垂直分析。

实例分析 乙企业所有者权益变动表水平与垂直分析

表2-9为乙企业20×1年及20×2年所有者权益变动表相关数据。

表2-9 乙企业20×1年及20×2年"所有者权益合计"项目水平分析

项目	20×2年（元）	20×1年（元）	变动额（元）	变动率（%）
一、上年年末余额	1 264 271 574.20	673 636 174.12	590 635 400.08	87.68
二、本年年初余额	1 264 271 574.20	673 636 174.12	590 635 400.08	87.68
三、本期增减变动金额（减少以"-"号填列）	80 474 011.94	590 635 400.08	-510 161 388.14	-86.38
（一）综合收益总额	78 502 190.27	26 280 448.15	52 221 742.12	198.71
（二）所有者投入和减少资本	29 010 905.92	578 510 434.01	-549 499 528.09	-94.99
1.所有者投入的普通股	0	548 215 519.18	-548 215 519.18	-100.00
2.其他权益工具持有者投入资本	0	0	0	
3.股份支付计入所有者权益的金额	5 634 445.56	10 251 660.51	-4 617 214.95	-45.04
4.其他	23 376 460.36	20 043 254.32	3 333 206.04	16.63
（三）利润分配	-27 039 084.25	-14 155 482.08	-12 883 602.17	91.01
1.提取盈余公积	0	-14 155 482.08	14 155 482.08	-100.00
2.对所有者（或股东）的分配	-27 039 084.25	0	-27 039 084.25	—
四、本年年末余额	1 344 745 586.14	1 264 271 574.20	80 474 011.94	6.37

表2-9中,"变动额"表示各项目本期数与上期数之间的差额;"变动率"表示各项目变动额与上期余额的比值。

从表2-9的数据结果可以看出,该企业20×2年末所有者权益合计金额比20×1年增加80 474 011.94元,增长幅度为6.37%,其中综合收益总额增加52 221 742.12元,增长幅度为198.71%,说明企业净利润与其他综合收益的增长是导致20×2年所有者权益合计有所增加的主要因素。

下面还是以该企业20×1年及20×2年所有者权益变动表中"所有者权益合计"项目的内容为例来进行垂直分析,见表2-10。

表2-10　乙企业20×1年及20×2年"所有者权益合计"项目垂直分析

项　目	20×2年构成（%）	20×1年构成（%）	构成差异（%）
一、上年年末余额	94.02	53.28	40.74
二、本年年初余额	94.02	53.28	40.74
三、本期增减变动金额（减少以"-"号填列）	5.98	46.72	-40.74
（一）综合收益总额	5.84	2.08	3.76
（二）所有者投入和减少资本	2.16	45.76	-43.60
1.所有者投入的普通股	0	43.36	-43.36
2.其他权益工具持有者投入资本	0	0	0
3.股份支付计入所有者权益的金额	0.42	0.81	-0.39
4.其他	1.74	1.59	0.15
（三）利润分配	-2.01	-1.12	-0.89
1.提取盈余公积	0	-1.12	1.12
2.对所有者（或股东）的分配	-2.01	0	-2.01
四、本年年末余额	100.00	100.00	0

表2-10中,"20×2年及20×1年构成（%）"表示各项目占本期所有者权益总额的比例;"构成差异（%）"表示该项目当期占所有者权益总额的比重与上期占所有者权益总额的比重之差。比如,20×2年"上年年末余额"项目的

构成（%）=1 264 271 574.20÷1 344 745 586.14×100%=94.02%；20×2年"上年年末余额"项目的构成差异（%）=94.02%-53.28%=40.74%，后续各项目也如此计算。

从表2-10的数据可以看出，乙企业20×2年所有者权益项目结构的变化，20×2年所有者权益合计的年初余额比重比20×1年增加40.74%；其中，所有者权益合计中的综合收益总额比重比20×1年综合收益总额的比重上涨3.76%，这是该企业20×2年所有者权益上升的两大重要因素。

2.3.3 财务报表附注信息解读

财务报表附注是对资产负债表、利润表、现金流量表和所有者权益变动表有关内容和项目的说明或解释，可以帮助财务报表使用者更全面深入地了解财务报表的基本内容。财务报表附注应按顺序披露以下几项内容。

（1）企业的基本情况

企业基本情况应披露的内容如图2-9所示。

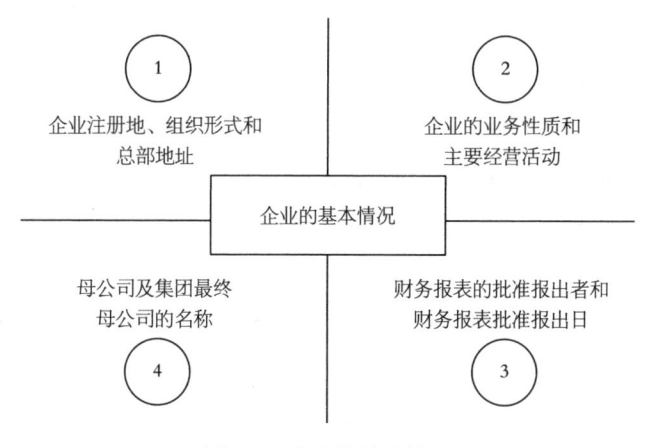

图2-9 企业的基本情况

（2）财务报表的编制基础

财务报表一般都是以持续经营为基础列报的。

（3）遵循《企业会计准则》的声明

企业应当声明编制的财务报表符合《企业会计准则》的要求，真实、完整地反映了企业的财务状况、经营成果和现金流量等有关信息，以此明确企业编制财务报表所依据的制度基础。

（4）重要会计政策与会计估计

财务报表附注应披露的重要会计政策主要包括但不限于以下事项：
①编制会计合并报表所采纳的原则；
②外币折算时所采用的方法；
③收入的确认原则；
④所得税的会计处理方法；
⑤短期投资的期末计价方法；
⑥存货的计价方法；
⑦长期股权投资的核算方法；
⑧长期债权投资的溢折价的摊销方法；
⑨坏账损失的具体会计处理方法；
⑩借款费用的处理方法。

（5）会计政策和会计估计变更及差错更正的说明

企业应当按照《企业会计准则第28号——会计政策、会计估计变更和差错更正》及其应用指南的规定，披露会计政策和会计估计变更，以及差错更正的有关情况。

（6）会计报表中重要项目的说明

会计报表中重要项目的说明主要包括以下内容：
①应收款项（不包括应收票据）及计提坏账准备的方法；
②存货、投资核算的方法；
③固定资产计价和折旧方法；
④无形资产计价和摊销方法；
⑤长期待摊费用的摊销方法；
⑥收入的分类及金额；
⑦所得税的会计处理方法等。

2.4　财务报表常见指标分析

财务报表指标分析是对企业的财务报表进行分析与评价，将财务报表中的数据转换为有用的信息，解读出数据背后的意义，有助于信息使用者改善决策。

2.4.1 营运能力分析

营运能力主要指企业营运资产的效率与效益，一般用资产周转率来反映，常用的指标主要包括以下内容。

（1）总资产周转率

总资产周转率是企业一定时期内营业收入与资产总额的比率，它可以反映企业全部资产的利用效率，其计算公式为

$$总资产周转率 = 营业收入 \div 平均资产总额$$

$$平均资产总额 = （期初资产总额 + 期末资产总额）\div 2$$

总资产周转率越高，表明企业资产的经营效率越高；周转率越低，表明企业资产的经营效率低，最终会影响企业的盈利能力。

从上述公式也可以看出，企业若想提高其总资产利用效率，一是要增加收入，二是要减少闲置资产。

与总资产周转率相关的另一个指标是总资产周转天数，该指标反映了总资产每周转一次需要的时间（天数），数值越小，表明总资产的周转速度越快，总资产运用的效率越好，其计算公式为

$$总资产周转天数 = 360 \div 总资产周转率$$

不同行业、不同企业的总资产周转天数有所不同，没有一个统一的标准。下面通过一个案例来直观地了解如何分析企业的营运能力。

实例分析 根据某企业 20×1 年及 20×2 年的财报数据计算和分析总资产周转率

表 2-11 和表 2-12 分别为某企业 20×1 年及 20×2 年的资产总额与营业收入的数据。

表 2-11 某企业 20×1 年及 20×2 年总资产数据

项目	20×1 年		20×2 年	
	期初数（元）	期末数（元）	期初数（元）	期末数（元）
资产总额	2 658 200.00	3 214 300.00	3 214 300.00	3 512 700.00

表 2-12　某企业 20×1 年及 20×2 年营业收入数据

项　目	20×1 年	20×2 年
营业收入	4 932 800.00	4 894 900.00

根据表 2-11、表 2-12 的数据可以计算出该企业 20×1 年及 20×2 年的总资产周转率及周转天数。

20×1 年总资产周转率 =4 932 800.00÷（2 658 200.00+3 214 300.00）≈ 0.84

20×1 年总资产周转天数 =360÷0.84 ≈ 428.57（天/次）

20×2 年总资产周转率 =4 894 900.00÷（3 214 300.00+3 512 700.00）≈ 0.73

20×2 年总资产周转天数 =360÷0.73 ≈ 493.15（天/次）

据此可知该企业 20×2 年的总资产周转率下降 0.11，总资产周转天数增加了 64.58 天/次，表明该企业 20×2 年总资产经营效率有所下降。从其收入也可以看出来，20×2 年的收入相比于 20×1 年有所降低，表明销售能力有所降低。企业可以通过薄利多销的方法加速资金的周转，增加利润。

（2）应收账款周转率

应收账款周转率也称应收账款周转次数，是一定时期内商品或产品的营业收入净额与平均应收账款余额的比值，是反映应收账款周转速度的一项指标，其计算公式为

①应收账款周转率 = 营业收入净额 ÷ 应收账款平均余额

营业收入净额 = 营业收入 − 销售折让（折扣）

②应收账款平均余额 =（应收账款年初数 + 应收账款年末数）÷2

应收账款周转天数 =360÷ 应收账款周转率

该指标越高，说明企业收回应收账款的速度越快；反之，说明营运资金过多滞留在应收账款上，会影响正常资金周转及偿债能力。企业的应收账款周转率理论上是高一些比较好，但是还需要注意与本企业历史水平对比，或与同行业一般水平对比，从而对本期应收账款周转率高低作出判断。

此外，分析应收账款周转率还要与企业的经营方式结合考虑，需要注意，以下几种情况使用该指标并不能反映实际情况。

①季节性经营的企业，会影响企业的应收账款平均余额。

②大量使用分期收款结算方式会使应收账款增加，不能如实反映其周转率。

③大量使用现金结算的销售活动，会使应收账款周转率异常高。

④年末大量销售或年末销售额大幅度下降，会使应收账款周转率波动起伏较大，不能正常反映其财务状况。

下面通过一个案例来详细了解如何分析企业的应收账款周转率。

实例分析 根据某企业20×1年及20×2年的财报数据计算和分析应收账款周转率

表2-13和表2-14为某企业20×1年及20×2年的应收账款与营业收入数据。

表2-13 某企业20×1年及20×2年应收账款数据

项 目	20×1年		20×2年	
	期初数（元）	期末数（元）	期初数（元）	期末数（元）
应收账款	487 200.00	588 000.00	588 000.00	725 400.00

表2-14 某企业20×1年及20×2年营业收入数据

项 目	20×1年12月31日	20×2年12月31日
营业收入	2 125 000.00	2 820 000.00

根据表2-13、表2-14的数据可以得出该企业20×1年和20×2年的应收账款周转率及应收账款周转天数分别为：

20×1年应收账款平均余额=（487 200.00+588 000.00）÷2=537 600.00（元）

20×1年应收账款周转率=2 125 000.00÷537 600.00≈3.95（次/年）

20×1年应收账款周转天数=360÷3.95≈91.14（天/次）

20×2年应收账款平均余额=（588 000.00+725 400.00）÷2=656 700.00（元）

20×2年应收账款周转率=2 820 000.00÷656 700.00≈4.29（次/年）

20×2年应收账款周转天数=360÷4.29≈83.92（天/次）

从计算结果可以看出，该企业20×2年应收账款周转率比20×1年有所提高，说明其应收账款回收速度加快了，有利于资金周转与偿还债务，减少坏账损失等。

（3）存货周转率

存货周转率是企业一定时期内营业成本（销货成本）与存货平均余额的比

率，用于反映存货的周转速度及存货资金占用量是否合理。

存货周转率是评价企业营运能力的重要指标之一，不仅可以用来衡量存货的运营效率，还被用来评价企业的经营业绩，反映企业的绩效。存货周转率越高，表明企业存货变现能力越强，存货的周转速度越快，在存货上积压的资金越少。其计算公式为

$$存货周转率（次数）=销货（营业）成本÷存货平均余额$$

$$存货平均余额=（存货年初数+存货年末数）÷2$$

$$存货周转天数=360÷存货周转率$$

下面通过一个案例来详细解析如何分析企业的存货周转率。

实例分析 根据某企业20×1年及20×2年的财报数据计算和分析存货周转率

表2-15和表2-16为某企业20×1年及20×2年的存货与营业成本数据。

表2-15　某企业20×1年及20×2年存货数据

单位：元

项目	20×1年		20×2年	
	期初数	期末数	期初数	期末数
存货	1 126 350.00	1 361 900.00	1 361 900.00	1 870 500.00

表2-16　某企业20×1年及20×2年营业成本数据

单位：元

项目	20×1年	20×2年
营业成本	3 984 020.00	5 665 400.00

根据以上数据可以得出该企业20×1年和20×2年的存货周转率为：

20×1年存货平均余额=（1 126 350.00+1 361 900.00）÷2=1 244 125.00（元）

20×1年存货周转率=3 984 020.00÷1 244 125.00≈3.20（次/年）

20×2年存货平均余额=（1 361 900.00+1 870 500.00）÷2=1 616 200.00（元）

20×2年存货周转率=5 665 400.00÷1 616 200.00≈3.60（次/年）

由计算结果可以看出该企业 20×2 年的存货周转率比 20×1 年有所提高，表明其存货的变现能力有所增强。

2.4.2 偿债能力分析

企业的偿债能力是指企业用其资产偿还债务的能力，包括短期偿债能力和长期偿债能力，是企业能否生存和健康发展的关键。衡量企业短期与长期偿债能力的指标主要有以下几项，如图 2-10 所示。

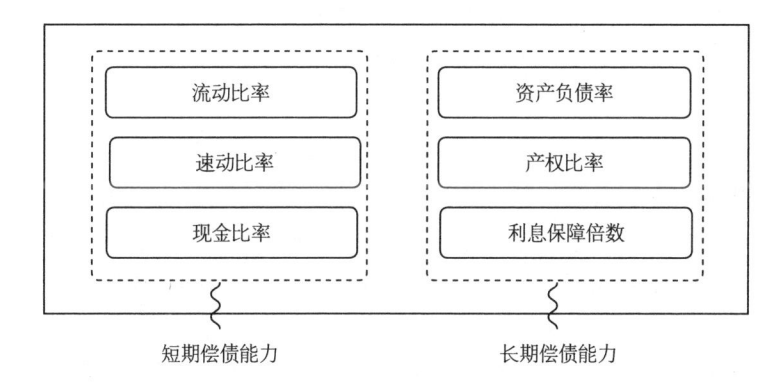

图 2-10　企业偿债能力常见指标

（1）短期偿债能力

短期偿债能力是指企业以流动资产偿还流动负债的能力，是衡量企业财务能力，特别是流动资产变现能力的重要标志，主要包括以下三项指标：

◆ 流动比率

流动比率是企业流动资产对流动负债的比率，用来衡量企业流动资产在短期债务到期以前变现用于偿还负债的能力。其计算公式为

$$流动比率 = 流动资产 \div 流动负债$$

流动比率越高，说明企业资产的变现能力越强，短期偿债能力亦越强；反之则弱。一般认为流动比率在 2∶1 左右为宜，表示流动资产是流动负债的两倍，即使流动资产有一半在短期内不能变现，也能保证全部的流动负债得到偿还。

但是该比率也不是越高越好，流动比率过高，可能会使企业滞留在流动资产上的资金过多，不能有效利用，可能会影响企业的盈利能力。

◆ 速动比率

速动比率是指企业速动资产与流动负债的比率。速动资产一般是企业的流动资产减去存货后的余额，主要包括货币资金、短期投资、应收票据、应收账款及其他应收款，可以在较短时间内变现；而流动资产中的存货及一年内到期的非流动资产不是速动资产。其计算公式为

①速动比率 = 速动资产 ÷ 流动负债

②速动资产 = 流动资产 − 存货

或速动资产 = 流动资产 − 存货 − 预付账款 − 待摊费用

或速动资产 = 货币资金 + 交易性金融资产 + 应收票据 + 应收账款 + 其他应收款

在计算速动比率时从流动资产中扣除存货，是因为存货在流动资产中变现速度较慢，有些存货甚至可能滞销，无法变现。至于预付款项和待摊费用原本就不具有变现能力，只是为了减少企业未来的现金流出量，所以理论上也应加以剔除。但实务中，由于它们在流动资产中所占比重较小，计算速动资产时也可以不扣除。

一般经验认为，速动比率维持在 1∶1 最佳。速动比率过低，企业的短期偿债风险较大；速动比率过高，企业在速动资产上占用资金过多，会增加企业投资的成本。但在实际工作中，还应考虑企业的行业性质。例如零售业，由于大部分采用现金销售，几乎没有应收账款，速动比率大大低于 1 也是合理的；相反，有些企业虽然速动比率大于 1，但速动资产中大部分是应收账款，并不能说明企业的偿债能力强。所以在评价速动比率时，管理者还应分析企业应收账款的质量。

◆ 现金比率

现金比率是指企业现金类资产与流动负债的比率。其中现金类资产主要包括库存现金、随时可用于支付的存款和现金等价物。其计算公式为

$$现金比率 = （货币资金 + 有价证券） ÷ 流动负债$$

现金比率可以直接反映企业偿付流动负债的能力，比率越高，说明企业短期偿债能力越强。但是现金比率过高，也会让企业的现金类资产不能得到合理运用，会增加企业的成本。一般情况下，现金比率保持在 20% 以上较好。

下面通过一个案例来直观地学习如何通过以上三项指标来分析企业的短期偿债能力。

实例分析 根据某企业20×1年及20×2年的财报数据计算和分析企业的短期偿债能力

表2-17为某企业20×1年及20×2年资产负债表部分数据。

表2-17 某企业20×1年及20×2年资产负债表部分数据

单位：元

项目	20×1年期末余额	20×2年期末余额
流动资产	3 630 544.00	4 462 071.00
流动负债	1 762 071.00	2 352 010.00
存货	1 598 910.00	2 023 000.00
应收账款	1 683 000.00	1 802 300.00
货币资金	625 000.00	984 000.00

根据表2-17的数据可以计算出该企业20×1年及20×2年的流动比率、速动比率和现金比率为：

20×1年流动比率 = 3 630 544.00 ÷ 1 762 071.00 ≈ 2.06

20×2年流动比率 = 4 462 071.00 ÷ 2 352 010.00 ≈ 1.90

可以看出该企业20×2年的流动比率比20×1年有所下降，表明企业的变现能力在减弱，短期偿债能力也在降低，企业应增强资产的流动性。

20×1年速动资产 = 3 630 544.00 − 1 598 910.00 = 2 031 634.00（元）

20×1年速动比率 = 2 031 634.00 ÷ 1 762 071.00 ≈ 1.15

20×2年速动资产 = 4 462 071.00 − 2 023 000.00 ≈ 2 439 071.00（元）

20×2年速动比率 = 2 439 071.00 ÷ 2 352 010.00 ≈ 1.04

可以看出该企业20×2年的速动比率相较于20×1年变化不大，且都维持在1左右，企业要想长久发展，还是应努力提高资产的流动性，提高流动资产的变现能力。

20×1年现金比率 = 625 000.00 ÷ 1 762 071.00 ≈ 0.35

20×2年现金比率 = 984 000.00 ÷ 2 352 010.00 ≈ 0.42

可以看出该企业20×2年的现金比率比起20×1年在提高，表明现金类资产的变现能力有所提高。

（2）长期偿债能力

长期偿债能力是指企业偿还长期负债的能力，它能反映企业财务状况的稳定程度，常见的衡量指标主要有以下三项：

◆ 资产负债率

资产负债率是企业的负债总额与资产总额的比率，其计算公式为

$$资产负债率 = （负债总额 \div 资产总额）\times 100\%$$

资产负债率表示在企业的资产总额中有多少是通过负债筹集的，是评价企业负债水平的综合指标，主要有以下三层含义：

①对于债权人来说，企业资产是对债权人权益的保障，债权人大多希望资产负债率低。

②对所有者而言，更关心的是投入的资本能够产生多少回报。即使是通过举债取得的资金，只要产生的收益大于借款本金加上利息，所有者都会希望负债比例大；取得的收益小于借款本金加上利息时则相反。

③对于经营者来说，如果举债过高，超出债权人的承受范围，企业就借不到钱；但若企业完全不举债，也不利于企业的持续发展。所以企业需要权衡利弊损失，作出正确的决策。

由此可见，企业资产负债率的高低没有一个绝对的标准，具体要看站在什么立场分析，但是一般资产负债率的参考水平在 40% ~ 60%。

◆ 产权比率

产权比率是指负债总额与所有者权益总额的比率，其计算公式为

$$产权比率 = 负债总额 \div 所有者权益总额$$

产权比率反映了所有者权益对债权人权益的保障程度，比率越高，债权人权益受保障的程度越高，一般比率在 1∶1 最理想。若资产负债率在 40% ~ 60% 之间，则产权比率在 0.7 ~ 1.5 之间比较合适。

◆ 利息保障倍数

利息保障倍数是企业的息税前利润与利息费用的比率，其计算公式为

$$息税前利润 = 净利润 + 所得税 + 利息费用$$

$$利息保障倍数 = 息税前利润 \div 利息费用$$

需要注意的是，分子分母的"利息费用"并不是同一个"利息费用"，分母的"利息费用"是指利润表中的"利息费用"；而分子中"息税前利润"中

的"利息费用"不仅包括利润表中的"利息费用",还包括资产负债表中计入资产成本的利息,即资本化的利息。

利息保障倍数衡量企业支付利息的能力,如果没有足够多的息税前利润,企业的利息支付就会有困难。

利息保障倍数也是衡量企业长期偿债能力的重要标志,倍数越高,企业的长期偿债能力越强。要维持正常的长期偿债能力,利息保障倍数应至少大于1。如果利息保障倍数过低,企业将会面临偿债安全性与稳定性下降的风险。

下面通过一个案例来帮助大家理解如何通过以上三项指标分析企业的长期偿债能力。

实例分析 根据某企业20×1年及20×2年的财报数据计算和分析企业的长期偿债能力

表2-18和表2-19为某企业20×1年及20×2年的资产负债表及利润表部分数据。

表2-18 某企业20×1年及20×2年资产负债表部分数据

单位:元

项 目	20×1年12月31日	20×2年12月31日
资产总额	6 914 344.00	9 875 010.00
负债总额	2 984 997.00	3 952 010.00
所有者权益总额	3 729 347.00	5 623 000.00

表2-19 某企业20×1年及20×2年净利润数据

单位:元

项 目	20×1年	20×2年
净利润	1 360 000.00	2 232 071.00

除表2-18、表2-19的数据外,该企业20×1年的所得税和利息费用分别为350 000.00元、1 100 000.00元;20×2年的所得税和利息费用分别为410 200.00元、1 203 300.00元;20×1年和20×2年的利息中分别有100 000.00元和150 000.00元计入在建工程,即应资本化的利息。

20×1年的资产负债率 =(2 984 997.00÷6 914 344.00)×100% ≈ 43%

20×2年的资产负债率=（3 952 010.00÷9 875 010.00）×100%≈40%

由此可以看出，该企业20×2年度的资产负债比率较上年度降低了3%，企业的长期偿债能力稍有下降。

20×1年的产权比率=2 984 997.00÷3 729 347.00≈0.8

20×2年的产权比率=3 952 010.00÷5 623 000.00≈0.7

可以看出，该企业20×2年的产权比率相比于20×1年下降了0.1，表明其偿债能力有所增强。

20×1年的息税前利润=1 360 000.00+350 000.00+1 100 000.00=2 810 000.00（元）

20×1年的利息保障倍数=2 810 000.00÷（1 100 000.00−100 000.00）=2.81

20×2年的息税前利润=2 232 071.00+410 200.00+1 203 300.00=3 845 571.00（元）

20×2年利息保障倍数=3 845 571.00÷（1 203 300.00−150 000.00）=3.65

由此可以看出，该企业20×2年的利息保障倍数与20×1年相比也有所上升，且都维持在3左右，表明该企业有一定的长期偿债能力，有利于保障整体偿债能力的稳定性。

为了考察企业偿付利息能力的稳定性，一般应计算并对比企业五年或五年以上的利息保障倍数，这里就不再详述。

2.4.3 盈利能力分析

盈利能力是指企业在一定时期内获取利润的能力，常见盈利指标有营业利润率、净资产收益率等。下面就来详细介绍如何结合这些指标分析企业的盈利能力。

（1）营业利润率

营业利润率是企业一定时期内营业利润与营业收入的比率，计算公式为

$$营业利润率 = 营业利润 ÷ 营业收入 ×100\%$$

营业利润率越高，表明企业市场竞争力越强，发展潜力越大，盈利能力越强。不同行业的营业利润率是不同的，一般在10%～40%。

（2）销售毛利率/净利率

实务中也经常使用销售毛利率、销售净利率等指标来分析企业经营业务的

获利水平，其计算公式为

$$销售毛利率 =（销售收入 - 销售成本）\div 销售收入 \times 100\%$$

$$销售净利率 = 净利润 \div 销售收入 \times 100\%$$

其中，销售净利率与企业的净利润成正比。通过分析销售净利率的增减变动，可以促使企业在扩大销售的同时注意改进经营管理工作，提高盈利水平。

但是在实际经营中，企业在扩大销售的同时，企业净利润并不一定会同比例增长，反而可能负增长，这可能是销售费用、财务费用和管理费用的大幅增加造成的。所以盲目扩大销售规模不一定会为企业带来收益，故管理者更应关注企业每增加 1.00 元销售收入的同时，净利润的增减程度。

（3）净资产收益率

净资产收益率是企业一定时期内净利润与平均净资产的比率，其计算公式为

$$净资产收益率 = 净利润 \div 平均净资产 \times 100\%$$

$$平均净资产 =（所有者权益期初数 + 所有者权益期末数）\div 2$$

一般认为，净资产收益率越高，企业自有资本获取收益的能力越强，运营效益越好，对企业投资人、债权人利益的保障程度也越高。净资产收益率也可结合行业平均水平，参考在 15% ~ 39% 的范围。

下面通过一个案例来理解如何借助以上三项指标分析企业的盈利能力。

实例分析 根据某企业 20×1 年及 20×2 年的财报数据计算和分析企业的盈利能力

表 2-20 和表 2-21 为某企业 20×1 年及 20×2 年的资产负债表及利润表部分数据。

表 2-20 某企业 20×1 年及 20×2 年所有者权益总额数据

单位：元

项目	20×1 年		20×2 年	
	期初数	期末数	期初数	期末数
所有者权益总额	4 929 346.00	5 521 002.00	5 521 002.00	7 230 210.00

表 2-21　某企业 20×1 年及 20×2 年利润表部分数据

单位：元

项　目	20×1年	20×2年
营业收入	4 930 800.00	6 840 100.00
营业利润	1 207 080.00	2 235 000.00
净利润	1 116 150.00	1 829 050.00

根据以上资料可以得出该企业以下数据：

①营业利润率

20×1 年营业利润率 =（1 207 080.00÷4 930 800.00）×100% ≈ 24.48%

20×2 年营业利润率 =（2 235 000.00÷6 840 100.00）×100% ≈ 32.67%

由此可以看出，该企业 20×2 年的营业利润率比 20×1 年增加了 8.19%，表明企业的市场竞争力提高，盈利能力也在增强。

②销售净利率

20×1 年销售净利率 =（1 116 150.00÷4 930 800.00）×100% ≈ 22.64%

20×2 年销售净利率 =（1 829 050.00÷6 840 100.00）×100% ≈ 26.74%

由此可以看出，该企业 20×2 年的销售净利率比 20×1 年增加了 4.1%，表明盈利能力也在增强。

③净资产收益率

20×1 年平均净资产 =（5 521 002.00+4 929 346.00）÷2=5 225 174.00（元）

20×1 年的净资产收益率 =（1 116 150.00÷5 225 174.00）×100% ≈ 21.36%

20×2 年平均净资产 =（7 230 210.00+5 521 002.00）÷2=6 375 606.00（元）

20×2 年的净资产收益率 =（1 829 050.00÷6 375 606.00）×100% ≈ 28.69%

由此可以看出，该企业 20×2 年的净资产收益率比起 20×1 年来说也是在增加的，表明该企业总体盈利能力在增强，对债权人权益的保障程度也在增强。

第3章

学会成本控制与预算管理

企业为了更长久地发展,不仅需要盈利,也需要做好成本管理与预算管理。科学合理的成本管理能够增强企业的市场竞争力,良好的预算管理可以提高企业资金的利用效率,也能创造更多的收益。

3.1 管理者应学会控制成本

成本控制是对各种影响成本的因素实施的一系列措施,以保证成本管理目标得以实现。科学合理的成本控制可以促进企业改善经营管理工作,提高企业素质,增强企业竞争力。

3.1.1 企业成本控制的分类

成本控制的内容非常广泛,不同行业、不同企业都有不同的控制重点,一般可以从成本形成过程和成本费用分类两个角度加以考虑,具体介绍如下所述。

(1)按照成本的形成过程划分

按照成本的形成过程划分,成本控制可以分为产品投产前的控制、制造过程中的控制和流通过程中的控制三类,具体内容见表3-1。

表 3-1　按照成本的形成过程划分

项目	具体阐述
产品投产前的控制	控制内容主要包括：产品的加工工艺成本、物资采购成本、生产组织成本，以及材料定额与劳动定额水平等成本。这些内容对成本的影响很大，可以说产品总成本控制成效的 60% 都取决于这个阶段成本控制工作的质量。 虽然这项工作属于事前控制方式，在控制活动实施时真实的成本还没有发生，但它在很大程度上决定了产品的成本水平
制造过程中的控制	制造过程是成本实际形成的主要阶段。很大部分的成本都发生在这个阶段，包括原材料、人工费、各种材料的消耗、运输费用、车间，以及其他管理部门的费用支出等。 它属于事中控制，但是由于成本的核算很难做到及时，会给事中控制带来很多困难
流通过程中的控制	包括产品包装、广告促销、销售费用和售后服务等费用

（2）按照成本的构成划分

按照成本的构成划分，可以分为表 3-2 中的几项。

表 3-2　按照成本的构成划分

项目	具体阐述
原材料成本控制	对于制造业来说，原材料费用占了总成本的很大比重，一般在 60% 以上，是成本控制的主要对象。 影响原材料成本的因素主要有采购价格、库存费用、生产消耗、回收利用等，所以控制活动可从采购、库存管理和消耗三个环节着手
人工费用控制	无论是哪种性质的企业，职工的工资在成本中都会占有一定的比重，而增加工资又通常被认为是不可逆转的，故而控制工资成本的关键在于提高劳动生产率
制造费用控制	制造费用开支项目有很多，主要包括生产车间折旧费、修理费、辅助生产费用、车间管理人员工资等，虽然它在成本中所占比重不大，但容易造成浪费，也是不可忽视的一项控制内容
管理费用控制	企业管理费用虽然占比也不是很大，但却是企业发展中必不可少的一项费用，故而也是成本控制不可少的一项内容

3.1.2　成本控制的控制原则与步骤

虽然由于成本控制的对象不同，控制工作的要求也不一样，但是控制原则与步骤大致相同，具体介绍如下：

（1）成本控制原则

成本控制的原则主要包括以下三项：

◆ 全面介入原则

全面介入原则是指成本控制是一个全部、全员、全过程的控制。其中，全部是指对产品生产的全部费用都要加以控制，不仅对变动费用要控制，对固定费用也要进行控制；全员是指要发动领导、管理人员和广大职工树立成本意识，认识到成本控制的重要意义并付诸行动；全过程是指对产品的设计、制造、销售过程进行成本控制。

◆ 例外管理原则

例外管理原则是指成本控制要将注意力集中在异常的情况上。因为实际发生的费用往往与预算不完全相同，若发生的差异不大，也就不用花费太多时间，但对非正常的例外事项就需重点关注并及时进行信息反馈。

◆ 经济效益原则

提高经济效益不仅依靠降低绝对的成本，更重要的是实现相对的节约，取得最佳的经济效益，以较少的消耗获得更多的成果。

（2）成本控制步骤

成本控制的步骤大致可以分为以下四步，如图 3-1 所示。

第一步，确定控制标准
确定评价成本控制工作绩效的尺度，管理者应以计划为基础，制定出成本控制工作所需要的标准

第二步，衡量工作成效
通过管理信息系统收集成本控制的实际工作数据，了解和掌握成本控制的实际情况

第三步，分析衡量的结果
将实际工作结果与成本控制标准进行比较，找出偏差并分析发生原因，为进一步采取管理行动做好准备

第四步，纠正偏差
纠正偏差的方法一般有两种，改进工作绩效或修改成本控制标准

图 3-1　成本控制的步骤

3.1.3 把握成本控制切入点

虽然不同行业、不同企业的成本控制内容不完全相同，但是企业在进行成本控制时都可以从以下几个方面切入。

（1）从占比较高的成本费用入手

虽然成本控制要求控制产品的全部成本，但如果企业不分轻重，容易在一些方面花费了力气却没有达到好的效果。

因此，企业首先要控制成本的主要方面，从占总成本比例高的材料、人工等方面着手，只要把握住占比较高的几个部分，成本控制的目标也就比较容易达到。一般而言，企业的材料费用占比都较高，通常在 60%～80% 之间，而人工费用占份额比材料少些，一般占 5%～10%，其他成本占比则在 10%～15% 之间。

（2）从创新方面着手

虽然企业都会采用各种方法来控制成本，如制定消耗定额、指标分解法等，但是成本在降低到某一限度后就很难再被压缩，甚至还有可能反弹。所以企业需要从创新角度着手来降低成本，可采取以下措施：

①用创新技术降低原材料的用量或寻找新的、价格更便宜的材料替代原有的材料；

②用创新工艺提高材料利用率、降低材料的损耗量；

③采取优化工作流程和管理方式提高劳动生产率、设备利用率，以降低单位产品的人工成本与固定成本；

④用创新营销方式来增加销量，降低单位产品营销成本。

（3）从关键点着手

产品形成过程中，有些环节对成本影响较大，有些则影响较小。企业成本控制应从这些关键点着手。

如对于资金流动率高的快速消费品行业来说，降低存货、加速资金周转是企业成本控制的关键点；对于升级换代快的产品，如手机、电子产品等，其产品设计可能是成本控制的关键点；对于材料成本低、营销费用高的烟、酒、化妆品等，营销费用可能是成本控制的关键点。

综上所述，由于产品性质的不同，企业成本控制的关键点也各不相同。企业应找出适合自身产品特点的成本控制关键点，以达到事半功倍的效果。

（4）从可控制费用着手

产品成本根据性质又可分为可控成本和不可控成本。不可控成本是指因企业的制度而形成的成本，如管理人员工资、折旧费等。这些费用在企业进行决策之前就已经形成，一般条件下较少发生变化，所以花费太多时间去控制这些较固定的成本意义不大。

而对于那些在生产经营过程中的费用，如材料用量、机物料消耗量、办公费、差旅费和运输费等，这些是可以人为进行调控的，因此也是企业的成本控制的重点。

（5）从激励约束机制方面着手

成本控制需要所有与成本相关的人员参与，如何发挥每个成本相关者在成本控制中的作用，也是企业成本控制需要解决的问题。

企业可以用激励的方式将节约成本与相关者的切身利益联系起来，调动员工控制成本的积极性；也可以结合约束惩罚的方法将企业的被动成本控制转换为全员主动控制。

3.1.4 作业成本法控制成本

作业成本法（一般是指 ABC 成本法）是根据事物的经济、技术等方面的特征，运用数理统计方法进行统计、排列和分析，抓住主要矛盾，分清重点与一般，有区别地采取管理方式的一种定量管理方法。

作业成本法是基于资源耗用的因果关系来进行成本分配的，其分配过程如图 3-2 所示。

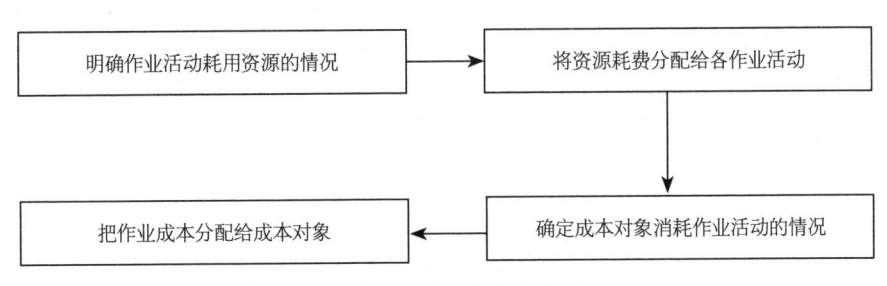

图 3-2　作业成本法的成本分配过程

其中，资源是企业生产耗费的原始形态，是成本产生的主要来源。企业作业活动所涉及的人力、物力和财力等都属于资源，一般企业的资源主要包括直接人工、直接材料、间接制造费用等。

作业是指企业内为了达成某一目的而进行的耗费资源的动作，贯穿产品生产经营的全过程，从产品设计、原料采购、生产加工直至产品的销售等。在这一过程中，每个环节、每道工序都可被视为一项作业。成本对象就是需要考核绩效的实体，如产品、顾客、市场、分销渠道和项目等。

企业采用 ABC 分析法控制成本主要有以下三个步骤：

第一步：定义业务和成本核算的对象，通常是产品，也可能是顾客、产品市场等。

第二步：确定业务的成本动因，即成本的决定因素，如订单的数量。

第三步：将成本分配给每一个成本核算对象，对各对象的成本和价格进行比较，从而确定盈利能力的高低。

下面通过一个案例来了解作业成本法的应用。

实例分析 某企业作业成本法的应用

某企业生产 A、B 两种产品，相关资料见表 3-3 与表 3-4。

表 3-3　产量及直接成本

项目	A产品	B产品
产量（件）	150	50
订购次数（次）	2	4
机器制造工时（小时）	300	200
直接人工成本（元）	3 000.00	500.00

表 3-4　制造费用明细及成本动因

项目	制造费用（元）	成本动因
材料验收成本	200.00	订购次数
产品验收成本	300.00	订购次数

续上表

项　　目	制造费用（元）	成本动因
燃料及水电成本	400.00	机器制造工时
职工福利成本	200.00	直接人工成本
设备折旧	300.00	机器制造工时
厂房折旧	340.00	产　　量
合　　计	1 740.00	

根据表 3-3 与表 3-4 的数据可以得出，该企业在传统成本计算法与 ABC 成本计算法下所负担的制造费用为：

传统成本法下的制造费用分配率 = 制造费用总额 ÷ 机器制造工时 = 1 740.00 ÷（300+200）=3.48（元 / 小时）

A 产品负担的单位制造费用 =300×3.48÷150=6.96（元 / 件）

B 产品负担的单位制造费用 =200×3.48÷50=13.92（元 / 件）

ABC 成本法下，A、B 两种产品应负担的制造费用为：

① 订购次数制造费用分配率 =（200+300）÷（2+4）≈ 83.33（元 / 次）

A 产品负担的订购次数单位成本 =83.33×2÷150 ≈ 1.11（元 / 件）

B 产品负担的订购次数单位成本 =83.33×4÷50 ≈ 6.67（元 / 件）

② 产量制造费用分配率 =340.00÷（150+50）=1.70（元）

A 产品负担的产量单位成本 =150×1.70÷150=1.70（元 / 件）

B 产品负担的产量单位成本 =50×1.70÷50=1.70（元 / 件）

③ 机器工时制造费用的分配率 =（400.00+300.00）÷（300+200）=1.40（元 / 小时）

A 产品负担的机器工时单位成本 =300×1.40÷150=2.80（元 / 件）

B 产品负担的机器工时单位成本 =200×1.40÷50=5.60（元 / 件）

④ 人工成本制造费用分配率 =200.00÷（3 000.00+500.00）≈ 0.06（元）

A 产品负担的人工单位成本 =3 000.00×0.06÷150=1.20（元 / 件）

B 产品负担的人工单位成本 =500.00×0.06÷50=0.60（元 / 件）

由此可以看出，虽然 ABC 成本法的计算相比传统成本法要麻烦一些，但是计算精度大大提高了，还能引导经营者关注成本动因。

3.1.5　其他成本控制法

除了作业成本法之外，企业的成本控制方法还有目标成本管理法和责任成本法。

（1）目标成本管理法

目标成本管理法是一种以市场为主、以顾客需求为导向，在产品规划、设计阶段就着手努力进行成本分析，达到不断降低成本目的的一种成本控制方法。

目标成本管理法综合考虑了多种因素的影响，包括产品的功能、性质及市场竞争力，其关键在于确定目标成本，可以采取以下三种方法，如图 3-3 所示。

1	扣除法需要首先确定企业的目标利润，然后从产品销售价格中扣除应缴纳的税金和本企业的目标利润，余额就是需要努力实现的目标成本
2	经验估算法是对同类型的产品采用同行业先进企业，以及本企业的历史先进水平或上年度的实际成本，结合在计划期内的各种变化因素进行分析研究，估算出产品的目标成本
3	高低点法是根据成本习性将企业成本分为固定成本和变动成本，用企业一定时期历史资料的最高业务量与最低业务量之间总成本之差与两者业务量之差进行对比，先求出单位变动成本，然后求得固定成本总额的一种方法

图 3-3　目标成本管理法

（2）责任成本法

责任成本是指特定的责任中心（如某一部门、单位或个人）在其所承担的责任范围内发生的各种耗费。从实质上来说，责任成本制度是企业内部的一种管理制度。

具体来说，就是要按照企业生产经营组织系统建立责任成本中心，进行成本信息的归集、控制和考核，从而将经济责任落实到各部门、各单位和具体执行人。责任成本控制的内容见表 3-5。

表 3-5 责任成本法的内容

项 目	具体阐述
建立责任中心	实行责任成本制度要求企业根据组织结构特点按照分工明确、权责分明的原则，合理划分责任中心。我国根据责任会计核算与控制内容划分，将其分为成本费用责任单位、利润责任单位、成本资金责任单位等
建立内部结算制度	内部结算制度是指在企业内部模拟银行结算方式，对各责任单位的经济事项运用货币形式进行交换的管理方式
编制责任预算	责任预算是企业总预算在各个责任中心进行合理划分而编制的预算。责任预算有着重要的作用，它是各责任单位活动的标准，是考评各责任单位业绩的依据，也有利于提高企业的管理水平
进行责任控制	以责任预算为依据，对生产经营过程中的收入、成本、资金预算的执行情况等进行控制
进行责任考核	可以根据责任中心的业绩报告分析与责任预算的差异，并查明原因，提出改进措施。通过评价和考核可以总结成功的经验，也可以为下一期预算编制提供参考资料

3.2 管理者应学会预算管理

企业不仅要做好成本管理，也需要做好预算管理，良好的预算管理能够帮助企业提高资金利用效率，降低成本。

3.2.1 建立全面预算体系

企业要想做好预算管理，首先需要建立全面预算体系。全面预算体系主要由预算主体、预算周期、预算指标和预算维度等要素构成，具体内容见表 3-6。

表 3-6 企业全面预算体系的内容

项 目	具体阐述
预算主体	预算主体是指全面预算的责任单位，是预算的编制主体，也是预算控制和分析的单位
预算周期	预算周期是企业在编制预算表时会使用的不同周期，如年度内预算使用季、月、周等周期节点
预算指标	预算指标是由相关关键值确定的一组数据，如销售收入、管理费用等可以定为预算指标，每个预算指标都代表一项业务内容，或具有一定的经济含义
预算维度	预算维度是对预算指标进行的更详细的划分，如销售收入可以从产品种类、行业、地区等多个维度进行分解

企业全面预算大致包括以下内容：

①经营预算是与企业日常经营活动直接相关的各种预算，具体包括销售预算、生产预算、直接材料预算、直接人工预算和制造费用预算等。

②资本预算是指那些根据企业预算期内不经常发生的、一次性的业务活动所编制的预算，主要包括与购置、更新、改造、扩建固定资产决策有关的资本支出预算等。

③资金预算是对预算期内资金收入和支出的预计。

④财务预算是预算体系中的最后环节，从价值方面总括地反映了企业经营预算和资本预算的结果，具体包括预计资产负债表、预计现金流量表和预计利润表。

企业全面预算的编制主要包括以下五个步骤：

第一步，自上而下滚动修订战略目标。企业应结合内外经营环境的变化，滚动修订企业发展的战略目标，下达企业一定时期的总体期望目标及规划指标，并层层分解目标。

第二步，自下而上制定实现期望目标的行动计划和方案。制定计划和方案时，要符合历史数据与未来变化趋势，使预算能符合实际，并与各部门相互协调，自下而上层层确定目标。

第三步，上下平衡汇总及修正预算。各预算小组应审查平衡各职能预算，汇总出本单位的全面预算，经总经理批准、审议机构通过或驳回修改预算。

第四步，批准执行。

第五步，进行业绩管理。根据季度或年度经营业绩考核，滚动修订计划。

3.2.2　学习固定预算与弹性预算方法

按照预算的状态可以将其划分为固定预算与弹性预算，它们是两种对称的预算方法，具体内容如下所述：

（1）固定预算法

固定预算法又称静态预算法，是指企业在编制预算时只以预算期内正常的、可实现的某一固定的业务量（如生产量、销售量等）水平作为唯一基础来编制预算的方法。固定预算适用于经营业务稳定、产销量稳定的企业。

固定预算的计算比较简单直接，但是由于企业生产经营状况受客观条件影响很大，不确定的因素很多，经常发生变动，所以可比性比较差。

下面通过一个案例来了解固定预算法的运用。

实例分析 某企业 20×× 年固定预算的编制

某企业 20×× 年分季度预计 A 产品销量分别为 100 吨、110 吨、120 吨和 130 吨，销售单价为 1.00 万元/吨，预计当季收回货款 85% 左右，剩余货款下季度收回，预算期初的应收账款余额为 0。采用固定预算法编制的销售预算见表 3-7。

表 3-7 某企业固定预算

项 目	一季度（万元）	二季度（万元）	三季度（万元）	四季度（万元）
A 产品销量	100 吨	110 吨	120 吨	130 吨
销售单价	1.00	1.00	1.00	1.00
销售收入	100.00	110.00	120.00	130.00
一季度现金收入	85.00	15.00		
二季度现金收入		93.50	16.50	
三季度现金收入			102.00	15.00
四季度现金收入				110.50
现金收入合计	85.00	108.50	118.50	125.50

根据产品单价与预收 85% 货款可以计算出每季度的收入及下季度应收的款项。此外，由表 3-7 可以看出，固定预算法简单易算，但是不考虑预算期内业务量水平可能发生的变化，当固定预算与实际预算产生较大差异时，会失去客观性。

（2）弹性预算法

弹性预算法又称变动预算法，是在变动成本法的基础上依据业务量、成本、利润间的联动关系，按照预算期内可能发生的业务量（如产量、销售量等）来编制企业预算的方法。

弹性预算法的关键在于业务量与业务范围的确定。其中，业务量的选择通常包括销量、直接人工工时和材料消耗量等；业务量范围一般根据企业的实际情况来定，如选择在 70%～110% 之间，或选取历史上的最高业务量和最低业务量水平为上下限。弹性预算法的具体编制方法包括表 3-8 中所列的两种。

表 3-8 弹性预算法的具体编制方法

方法	具体阐述
公式法	公式法是运用总成本性态模型，测算预算期的成本费用并编制成本费用预算的一种方法。根据成本性态，成本与业务量之间的数量关系可用公式表示为： $$y=a+bx$$ 其中，y 表示某项预算成本的总额，a 表示该项成本中的固定成本预算额，b 表示该项成本中的单位变动成本额预算，x 表示预计业务量。公式法便于计算任何业务量的预算成本，但是不同业务范围的固定费用和单位变动费用是不同的
列表法	列表法是在预计的业务量范围内将业务量分为若干个水平，然后按不同的业务量水平编制预算。应用列表法编制预算，首先要在确定的业务量范围内划分出若干个不同水平，然后分别计算各项的预算值，再汇总列入一个预算表中

下面通过一个案例来直观地了解弹性预算的编制。

实例分析 某企业 20×× 年弹性预算的编制

某制造企业某车间的机器正常生产能力为 20 000 小时，20×× 年制造费用相关资料见表 3-9。

表 3-9 某企业 20×× 年制造费用相关资料

项目	固定费用（元）	变动费用率（元/小时）
间接材料		0.50
间接人工	4 500.00	1.30
维修费用	3 500.00	2.00
电费		0.35
水费		0.25
电话费	800.00	0.20
折旧费	10 000.00	

已知该企业生产能力达到100%后，固定成本中的间接人工会增加10%，维修费用增加8%，折旧费用增加35%。

根据表3-9的数据，按照正常生产能力的80%、90%、100%和110%分别编制该企业的制造费用弹性预算表，见表3-10。

表3-10　某企业20××年制造费用弹性预算

单位：元

项　目	变动费用率（元/小时）	生产能力（小时）			
		80%	90%	100%	110%
		16 000	18 000	20 000	22 000
变动制造费用					
间接材料	0.50	8 000.00	9 000.00	10 000.00	11 000.00
间接人工	1.30	20 800.00	23 400.00	26 000.00	28 600.00
维修费用	2.00	32 000.00	36 000.00	40 000.00	44 000.00
电　费	0.35	5 600.00	6 300.00	7 000.00	7 700.00
水　费	0.25	4 000.00	4 500.00	5 000.00	5 500.00
电话费	0.20	3 200.00	3 600.00	4 000.00	4 400.00
小　计		73 600.00	82 800.00	92 000.00	101 200.00
固定制造费用					
间接人工		4 500.00	4 500.00	4 500.00	4 950.00
维修费用		3 500.00	3 500.00	3 500.00	3 780.00
电话费		800.00	800.00	800.00	800.00
折旧费		10 000.00	10 000.00	10 000.00	13 500.00
小　计		18 800.00	18 800.00	18 800.00	23 030.00
合　计		92 400.00	101 600.00	110 800.00	124 230.00

根据该企业20××年的变动制造费用与固定制造费用可以计算出以下数据，其余数值以此计算即可。

①已知该企业机器正常生产能力为20 000小时，故而当企业生产能力为80%时，实际生产能力为20 000×80%=16 000（小时）。

②当企业生产能力为正常水平的80%时，变动制造费用中的间接材料为16 000×0.50=8 000.00（元）。

③当企业生产能力为正常水平的80%~100%时，固定制造费用维持不变。但从表3-10中可以看出，当企业生产能力超过100%且达到110%时，固定费用中的部分项目也会发生变化，如间接人工、维修费用和折旧费，说明固定成本在业务超过一定的范围后也会发生变化，并不是一成不变的。

假设该企业1月实际生产能力达到了90%，就可以据此计算出弹性预算并与实际成本进行比较，衡量业绩，分析差异，提出改进措施。

3.2.3 利用零基预算与增量预算方法

按照预算编制的基础划分，可以将预算分为零基预算与增量预算。

（1）零基预算

零基预算是指不考虑过去的预算项目和收支水平，以零为起点，从零开始考虑各费用项目的必要性，确定预算收支，编制预算。

与传统预算编制方法相比，零基预算具有以下优点：

①有利于提高员工的"投入—产出"意识：传统的预算编制方法主要是由企业的专业人员完成的，而零基预算是以"零"为起点来分析企业的所有业务活动，并且不考虑过去的支出水平。因此需要动员企业的全体员工参与预算编制，从而增强员工的投入产出意识。

②有利于合理分配资金：对于每项业务是否应该存在，以及支出多少金额都要进行分析计算，能提高资金利用效率，使资金分配更加合理。

③有利于提高预算管理水平：零基预算极大地增加了预算的透明度，使预算更切合实际，起到更好的控制作用，也有助于规范预算编制和执行的过程，提高预算管理水平。

零基预算的编制主要包括以下五个步骤：

第一步，划分和确定基层预算单位。企业各基层业务单位通常指能独立编制预算的基层单位。

第二步，编制本单位的费用预算方案。企业提出总体目标后，各基层预算单位根据企业的总目标和自身的责任目标编制本单位费用预算方案，在方案中需要详细说明提出项目的目的、性质、作用，以及需要开支的费用数额。

第三步，进行成本—效益分析。基层预算单位按下达的"预算年度业务活动计划"确认预算期内需要进行的业务项目及费用开支后，管理层对每个项目的所需费用和所得收益进行比较分析，权衡轻重，区分层次。

第四步，审核分配资金。根据预算项目的层次、等级和次序，按照预算期可动用的资金及来源，以及项目的轻重缓急顺序来分配资金。

第五步，编制并执行预算。资金分配方案确定后制定零基预算正式稿，经批准后下达执行，执行中遇到偏离预算的地方要及时纠正。

（2）增量预算

增量预算是指以基期水平为基础，分析预算期业务量水平及有关影响因素的变动情况，通过调整基期项目及数额来编制相关预算的方法。由于增量预算是以过去的成本费用为基础，认为不需要在预期内容上做较大的调整，故而增量预算是有前提的，如下所述：

①企业现有的业务活动是合理、必须的，不需要进行调整。

②企业现有的各项业务的开支水平是合理的，在预算期予以保持。

③以现有的业务活动和各项活动的开支水平确定预算期内各项活动的预算数。

增量预算的编制比较简单，容易操作且考虑了以前年度的实际情况，容易得到企业各级领导层的认可。但是由于其假定上年度的经济活动在本年度仍然会发生，就可能会无意中使一些原本不合理的开支变得合理化。

3.2.4　了解定期预算与滚动预算方法

按照预算的时间属性，可以将其分为定期预算与滚动预算。

（1）定期预算

定期预算也称阶段性预算，是指在编制预算时以不变的会计期间作为预算期的一种编制方法。定期预算的优点是能够使预算期间与会计年度相配合，便于考核和评价预算的执行结果，但是也存在着表3-11中所列的缺点。

表 3-11 定期预算的缺点

方法	具体阐述
盲目性	由于定期预算往往是在年初或者提前几个月编制的,对于整个预算年度的生产经营活动很难作出准确的判断,长期来看缺乏指导性,会给预算的执行带来很多困难,不利于对生产经营活动的考核与评价
滞后性	定期预算不能随情况的变化及时调整,当预算中所规划的各种活动在预算期内发生重大变化时,就会造成预算滞后,最后成为虚假预算
间断性	由于受预算期间的限制,经营管理者们的决策视野局限于本期规划的经营活动,通常不考虑下期。因此,定期预算不能适应企业连续不断的经营过程,从而不利于企业的长远发展

（2）滚动预算

滚动预算是指在编制预算时将预算期与会计年度脱离开,根据上一期的预算完成情况调整和编制下一期的预算,并逐期向后滚动,使预算期始终保持一个固定期间的一种预算编制方法。这种方法适用于规模较大、时间较长的工程类或大型设备采购项目,具有以下优点:

①能保持预算的完整性、连续性,从动态预算中把握经营活动的走向。

②能使各级管理人员始终保持对未来一定时期内生产经营活动的全盘规划,有利于促进企业的各项工作有条不紊地进行。

③由于预算能随时间的推进不断加以调整和修订,与实际情况相适应,有利于充分发挥预算的指导和控制作用。

④有利于管理人员对预算资料做经常性的分析研究,并根据当前的执行情况及时修订,保证企业的经营管理工作稳定而有秩序地进行。但是这种预算方法也有缺点,即编制工作量比较大。

3.2.5 重点把握财务预算

前面已经介绍了财务预算是企业全面预算的最后一个环节,也是最重要的一个环节。财务预算是集中反映企业未来一定期间现金收支、经营成果和财务状况的预算,主要包括现金预算、预计资产负债表和预计利润表。

（1）现金预算

现金预算表是关于现金收支的一种预算表格,主要反映了现金收入、现金支出两大项目。现金收入包括期初余额和本期销售收入;现金支出包括直接材料、直接人工等。其中,期末余额=期初余额+本期收入-本期支出。下面通过一个案例来说明现金预算表的编制。

实例分析 **某企业编制的现金预算表**

表3-12为某企业的现金预算表。

表3-12 某企业现金预算表

单位:元

现金项目	第一季度	第二季度	第三季度	第四季度	合 计
期初现金余额	2 000.00	10 700.00	23 200.00	40 750.00	2 000.00
加:销售收入现金	15 000.00	20 000.00	26 000.00	30 000.00	91 000.00
减:现金支出					
直接材料	700.00	900.00	1 000.00	1 200.00	3 800.00
直接人工	3 000.00	3 200.00	3 500.00	3 600.00	13 300.00
制造费用	600.00	800.00	800.00	900.00	3 100.00
销售费用	1 000.00	1 500.00	2 000.00	2 200.00	6 700.00
管理费用	800.00	800.00	800.00	800.00	3 200.00
所得税费用	200.00	300.00	350.00	380.00	1 230.00
现金支出合计	6 300.00	7 500.00	8 450.00	9 080.00	31 330.00
现金溢余或短缺	10 700.00	23 200.00	40 750.00	61 670.00	61 670.00
期末现金余额	10 700.00	23 200.00	40 750.00	61 670.00	61 670.00

下面以第一季度的数据来分析说明现金预算表的编制,后面季度也依此计算即可。

①本期可用现金合计=2 000.00+15 000.00=17 000.00(元)

②本期现金支出合计=700.00+3 000.00+600.00+1 000.00+800.00+200.00=6 300.00(元)

③第一季度现金溢余及期末现金余额 =17 000.00-6 300.00=10 700.00（元）

④本期期末现金余额 = 下期期初现金余额

（2）预计资产负债表

预计资产负债表是企业期初对期末财务状况的一个预估，其格式与一般的资产负债表很像，只是数据来源不一样。

其中，期初数据就是上期的期末数据，也是本期的实际数据，而货币资金、未分配利润等来自企业相关的预算表。

在编制完预计资产负债表之后，企业可以在期中或期末的时候将实际数据与预算表的数据进行对比分析，从而及时进行差异调整，使实际数据能够在期末的时候达到预估水平，到期末时也可以继续进行差异分析。下面通过一个案例来说明预计资产负债表的编制。

实例分析 某企业编制的预计资产负债表

表 3-13 为某企业的预计资产负债表。

表 3-13 某企业预计资产负债表

单位：元

资　产			负债及所有者权益		
项目	期初	期末	项目	期初	期末
现金	15 000.00	30 000.00	应付账款	8 000.00	8 000.00
应收账款	2 000.00	3 500.00	应付票据	2 800.00	4 200.00
存货	3 000.00	1 200.00	预收账款	1 000.00	3 000.00
其他流动资产	1 000.00	2 000.00	其他流动负债	3 500.00	2 500.00
固定资产	4 000.00	6 000.00	非流动负债	4 700.00	8 700.00
			负债合计	20 000.00	26 400.00
			股东权益	5 000.00	16 000.00
资产合计	25 000.00	42 700.00	负债和所有者权益合计	25 000.00	42 700.00

从表 3-13 中可以看出，在进行资产负债表预算时，直接将各期初数据和预算数据分别相加即可得出期末的资产、负债和所有者权益预计数额。再对期中或期末资产负债表实际数据进行对比分析，可得出差异表，见表 3-14。

表 3-14 预计资产负债表差异分析

单位：元

项目	预算	实际
资产：		
现金	30 000.00	21 000.00
应收账款	3 500.00	3 500.00
存货	1 200.00	700.00
其他流动资产	2 000.00	2 000.00
固定资产	6 000.00	5 000.00
资产合计	42 700.00	32 200.00
负债：		
应付账款	8 000.00	6 000.00
应付票据	4 200.00	3 000.00
预收账款	3 000.00	2 000.00
其他流动负债	2 500.00	1 500.00
非流动负债	8 700.00	8 700.00
负债合计	26 400.00	21 200.00
股东权益	16 000.00	11 000.00
负债和所有者权益合计	42 700.00	32 200.00

根据表 3-14 中实际数可以看出，该企业实际总额数比预算数少了 10 500.00 元（42 700.00-32 200.00），且期末股东权益有所减少。

（3）预计利润表

预计利润表的编制是为了让所有者了解预算期内企业的预期盈利情况，主要包括销售收入、销售成本、销售毛利率和利润总额等项目。

其中，"销售收入"项目数据来自销售预算；"销售成本"项目数据来自产品成本预算；"销售及管理费用"项目数据来自销售及管理费用预算；"利息"项目数据来自现金预算。

下面通过一个案例来更好地理解预计利润表。

实例分析 某企业编制的预计利润表

表 3-15 为某企业的预计利润表。

表 3-15 预计利润表

单位：元

项目名称	金　额
销售收入	80 000.00
销售成本	40 000.00
销售毛利	40 000.00
销售及管理费用	10 000.00
利润总额	30 000.00
所得税费用	1 000.00
净利润	29 000.00

其中，利润总额是通过收入减去费用得出的，净利润＝销售收入－销售成本－销售及管理费用－所得税费用。若该企业还需要偿还利息，需要再减去支付的利息。

第4章

依法纳税与税务筹划

依法按时纳税是每个纳税人的义务与责任，因此管理者需要对企业涉及的一些常见税种及税收优惠政策有所了解。同时，为了合理地降低企业的纳税成本，减轻企业的纳税负担，管理者也需要掌握税务筹划的一些方法。

4.1 企业需要依法按时纳税

税收是国家财政收入的主要来源，也是国家宏观调控的重要手段，每个企业都需要依法按时纳税。作为管理者，需要了解与企业发展相关的常见税种及税收优惠政策。

4.1.1 管理者须了解的常见税种

我国现行税种按照征税对象可以划分为五大类、18个税种，如图4-1所示，下面就来详细介绍这五大类税种。

（1）流转税

流转税是对流转额征收的税款，是对销售商品或提供劳务征收的一类税额。所谓流转额，是指因为发生商品买卖行为而形成的金额，既可以指商品的实物流转额，也可以是货币流转额。流转税对保证国家财政收入有着重要的作用，具体内容见表4-1。

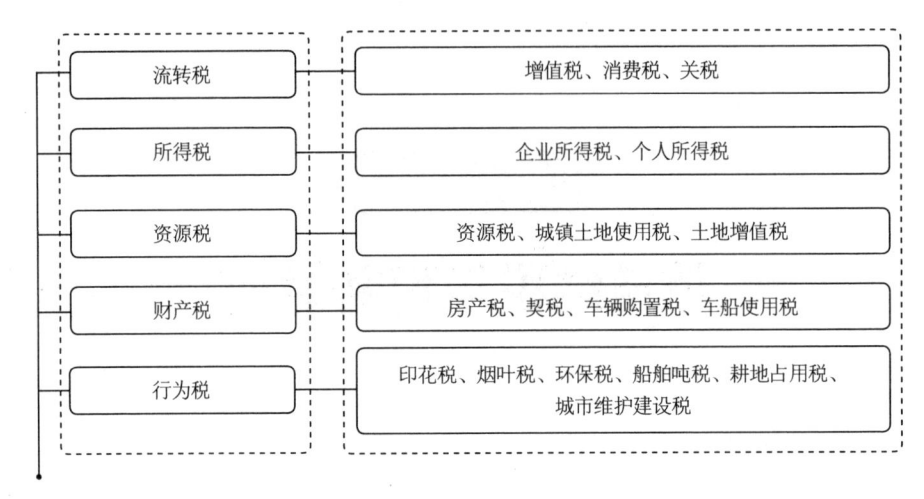

```
         ┌─── 流转税 ─── 增值税、消费税、关税
         │
         ├─── 所得税 ─── 企业所得税、个人所得税
         │
         ├─── 资源税 ─── 资源税、城镇土地使用税、土地增值税
         │
         ├─── 财产税 ─── 房产税、契税、车辆购置税、车船使用税
         │
         └─── 行为税 ─── 印花税、烟叶税、环保税、船舶吨税、耕地占用税、
                        城市维护建设税
```

图 4-1　我国现行税种分类

表 4-1　流转税的内容

内容	具体阐述
增值税	增值税是指以销售货物或提供加工、修理修配劳务和进口货物的单位和个人为增值税纳税人的一类税种。我国一般纳税人常用税率主要有13%、9%、6%和零税率五档；小规模纳税人常用征收率为3%、5%。除此之外，对于某些项目还有特殊的税率和征收率。 增值税征收范围主要包括以下五大类： ①销售和进口的货物，如有形动产等； ②销售劳务，如加工、修理、修配等； ③销售服务，如交通运输服务、生活服务等； ④销售无形资产，如技术、商标、著作权等； ⑤销售不动产，如建筑物等
消费税	消费税是指以消费品的流转额作为征税对象的一种税，税率根据征税范围的不同而有所不同。消费税征收范围主要包括烟、酒、高档化妆品、贵重首饰及玉石珠宝等在内的15类税目
关税	关税是在引进或出口商品经过关境时，由海关向引进或出口商征收的税，可分为进口关税和出口关税。进口关税分为最惠国税率和普通税率等；出口关税一般指出口退税

（2）所得税

所得税主要包括企业所得税和个人所得税，一般企业需要缴纳企业所得税。企业所得税是对我国境内的企业和其他取得收入的组织的生产经营所得及其他

所得征收的一种所得税，常见税率为25%；个人所得税是对个人（即自然人）取得的各项应税所得征收的一种所得税。

（3）资源税

资源税是以自然资源为征税对象的一类税种。征收资源税主要有两个目的，一是为了取得资源消耗的补偿金，有利于保护国有资源，实现合理开发；二是为了调节和分配资源。主要税种如下所述：

①资源税是指以各种自然资源为征税对象进行征收的一种税，我国资源税的征税对象主要是盐和矿。

②城镇土地使用税是指国家在城市、县城、建制镇和工矿区范围内，对使用土地的单位和个人，根据其实际占用的土地面积为计税依据，按照规定的税额计算征收的一种税。

③土地增值税是对在我国境内转让国有土地使用权、地上建筑物及其附着物的单位和个人，以其转让房地产所取得的增值额为征税对象而征收的一种税。

（4）财产税

财产税顾名思义就是对财产征税的税种，是对纳税人所拥有或可供支配的财产数量或价值额征收的一类税。财产税对于提高财产的利用效率、调节财产的分配和使用具有一定作用，主要税种见表4-2。

表 4-2 财产税的内容

内　容	具体阐述
房产税	房产税是以房屋为征税对象，以房屋的价值或租赁收入为计税依据，向产权所有人征收的一种财产税
契税	契税是指不动产（土地、房屋）产权发生转移变动时，就当事人签订契约按产权价格的一定比例向产权承受人（新业主）征收的一次性税收
车辆购置税	车辆购置税是对在境内购置规定车辆的单位和个人征收的一种税
车船使用税	车船使用税是指在中华人民共和国境内的车辆、船舶的所有人或者管理人按照《中华人民共和国车船税法》的规定应缴纳的一种税

（5）行为税

行为税是以某些行为为征税对象的税种，主要是为了限制和调节某些特定行为，使某些行为符合经济发展的要求，具体税种见表4-3。

表 4-3 行为税的内容

内　容	具体阐述
印花税	印花税是对经济活动和经济交往中书立、领受、使用具有法律效力的凭证的行为所征收的一种税
烟叶税	烟叶税是向收购烟叶的单位征收的一种税，计征时以收购烟叶的收购金额为计税依据
环保税	环保税是环境保护税的简称，是为了保护和改善环境，减少污染物排放，推进生态文明建设而对直接向环境排放应税污染物的单位和其他经营者征收的一种税
船舶吨税	船舶吨税是对自中国境外港口进入境内港口的船舶征收的一种税
耕地占用税	耕地占用税是对占用耕地建房或从事其他非农业建设的单位和个人征收的一种税，也以实际占用的耕地面积为计税依据，按照规定的税额计算征收。该税种的征收，可实现合理利用土地资源、保护农用耕地的目的
城市维护建设税	又称城建税，是以纳税人实际缴纳的增值税、消费税税额为计税依据而征收的一种附加税。其税率按照纳税人所在地实行差别税率。 ①市区的适用税率为 7%； ②县城、镇的适用税率为 5%； ③其他地区的适用税率为 1%

4.1.2　企业所得税如何计算

不同性质的企业缴纳的税种可能不完全一样，但是所得税是每个企业都需要缴纳的，管理者应对所得税有所了解。

根据《中华人民共和国企业所得税法》（以下简称《企业所得税法》）的规定："企业所得税的税率为 25%。"此外，不同类型的企业规定有所不同，如下所述：

①非居民企业取得本法第三条第三款规定的所得，适用税率为 20%；

②符合条件的小型微利企业，减按 20% 的税率征收企业所得税；

③国家需要重点扶持的高新技术企业，减按 15% 的税率征收企业所得税。

《企业所得税法》第三条第三款规定："非居民企业在中国境内未设立机构、场所的，或者虽设立机构、场所但取得的所得与其所设机构、场所没有实际联系的，应当就其来源于中国境内的所得缴纳企业所得税。"

企业所得税的计算公式为

$$企业应纳所得税额 = 当期应纳税所得额 \times 适用税率$$

当期应纳税所得额＝收入总额－成本、税金及附加及各项费用－不征税收入－
免税收入－各项扣除－以前年度亏损

其中，不征税收入、免税收入及允许扣除的项目如下所示：

（1）不征税收入

不征税收入是从性质和根源上不属于企业营利性活动带来的经济利益，是不负有纳税义务的收入，主要包括以下两项：

①财政拨款：它指政府在履行社会公共管理职能时，按年度预算安排的资金拨款，比如对教育、医疗、科技等领域的资金投入，具体表现为财政补助、专项财政补贴等。

②依法收取并纳入财政管理的行政事业性收费、政府性基金：行政事业性收费指国家机关、事业单位及其他组织根据法律规定，在向法人提供特定服务的过程中，按照成本补偿和非营利原则向特定服务对象收取的费用；政府性基金是指各级政府为支持某项公共事业发展，向法人和其他组织无偿征收的具有专项用途的财政资金。

（2）免税收入

免税收入是指属于企业的应税所得但按照税法规定免予征收企业所得税的收入。免税收入主要包括表 4-4 中的内容。

表 4-4　免税收入

条 目	内　　容
1	国债利息收入
2	符合条件的居民企业之间的股息、红利等权益性投资收益
3	在中国境内设立机构、场所的非居民企业从居民企业取得与该机构、场所有实际联系的股息、红利等权益性投资收益
4	符合条件的非营利组织的收入

（3）各项扣除

根据我国《企业所得税法》的规定："企业实际发生的与取得收入有关的、合理的支出，包括成本、费用、税金、损失和其他支出，准予在计算应纳税所得额时扣除。"具体扣除项目见表 4-5。

表 4-5　准予扣除项目

内　容	具体阐述
工资薪金支出	包括企业每一纳税年度支付给在本企业任职或者受雇的员工的所有现金形式或者非现金形式的劳动报酬，包括基本工资、奖金、津贴、补贴、年终加薪、加班工资，以及与员工任职或者受雇有关的其他支出
社会保险、医疗保险及住房公积金	包括企业依照国务院有关主管部门或省级人民政府规定的范围和标准为职工缴纳的基本养老保险费、基本医疗保险费、失业保险费、工伤保险费、生育保险费等基本社会保险费和住房公积金。此外，企业为投资者或者职工支付的补充养老保险费、补充医疗保险费，在国务院财政、税务主管部门规定的范围和标准内，也准予扣除
借款费用	主要是指企业在生产经营活动中发生的合理的不需要资本化的借款费用，准予扣除
利息费用	企业在生产经营活动中发生的下列利息支出，准予扣除： ①非金融企业向金融企业借款的利息支出、金融企业的各项存款利息支出和同业拆借利息支出、企业经批准发行债券的利息支出； ②非金融企业向非金融企业借款的利息支出，不超过按照金融企业同期同类贷款利率计算的数额的部分
职工福利费	企业发生的职工福利费支出，不超过工资薪金总额 14% 的部分，准予扣除
工会经费	企业拨缴的工会经费，不超过工资薪金总额 2% 的部分
职工教育经费	除国务院财政、税务主管部门另有规定外，企业发生的职工教育经费支出，不超过工资薪金总额 8% 的部分，准予扣除；超过部分，准予在以后纳税年度结转扣除
业务招待费	企业发生的与生产经营活动有关的业务招待费支出，按照发生额的 60% 扣除，但最高不得超过当年销售（营业）收入的 5‰。企业在筹建期间发生的与筹办活动有关的业务招待费支出，可按实际发生额的 60% 计入企业筹办费，并按有关规定在税前扣除
广告费和业务宣传费	企业发生的符合条件的广告费和业务宣传费支出，除国务院财政、税务主管部门另有规定外，不超过当年销售（营业）收入 15% 的部分，准予扣除；超过部分，准予在以后纳税年度结转扣除
专项资金	企业依照法律、行政法规有关规定提取的用于环境保护、生态恢复等方面的专项资金，准予扣除。上述专项资金提取后改变用途的，不得扣除

续上表

内　容	具体阐述
财产保险	企业参加财产保险，按照规定缴纳的保险费，准予扣除
固定资产租赁费	企业根据生产经营活动的需要租入固定资产支付的租赁费，按照以下方法扣除：①以经营租赁方式租入固定资产发生的租赁费支出，按照租赁期限均匀扣除；②以融资租赁方式租入固定资产发生的租赁费支出，按照规定构成融资租入固定资产价值的部分应当提取折旧费用，分期扣除
劳动保护费	企业发生的合理的劳动保护支出，据实扣除
公益性捐赠支出	企业通过公益性社会组织或者县级（含县级）以上人民政府及其组成部门和直属机构，用于慈善活动、公益事业的支出，不超过年度利润总额12%的部分，准予扣除；超过年度利润总额12%的部分，准予结转以后3年内扣除

下面通过一个案例来了解如何计算企业应纳税所得额和应纳税额。

实例分析 计算某企业20×2年应缴纳所得税

以下是某企业20×2年度生产经营情况。

①销售商品取得不含税收入1 200.00万元。

②发生销售成本500.00万元，税金及附加80.00万元。

③发生产品销售费用150.00万元，管理费用40.00万元，其中业务招待费20.00万元。

④发生财务费用60.00万元。

⑤借款金额100.00万元，利率6%，借款期限一年，银行同期贷款利率为4%。

根据以上经营情况，可以计算出以下数据。

①该企业取得营业收入1 200.00万元，根据业务招待费的扣除限额5‰，算出该企业可以扣除的业务招待费上限=1 200.00×5‰=6.00（万元），业务招待费的60%为12.00万元，因此准许扣除的部分则为6.00万元。由于会计处理实际扣除了20.00万元，多扣除了14.00万元，形成调增项。

②根据同期银行利率，借款利息=100.00×4%=4.00（万元），但是根据规定可以扣除的部分为不高于同期贷款利率的部分，则为4.00万元。但会计处理实际扣除了6.00万元（100.00×6%），多扣除了2.00万元，形成调增项。

③应纳税所得额 =1 200.00−500.00−80.00−150.00−40.00+14.00−60.00+2.00=386.00（万元）。

④应交纳企业所得税 =386.00×25%=96.50（万元）。

4.1.3　牢记个人所得税的征税范围和税率

个人所得税的征税范围包括表 4-6 中的九项个人所得。

表 4-6　个人所得税征税范围

个人所得	具体阐述
工资、薪金所得	是指个人因任职或受雇而取得的工资、薪金、奖金、年终加薪、劳动分红、津贴、补贴，以及与任职或受雇有关的其他所得
劳务报酬所得	是指个人从事设计、装潢、安装、制图、化验、测试、医疗、法律、会计、新闻、广播、翻译、表演、广告、展览、经济服务、代办服务，以及其他劳务取得的所得
稿酬所得	是指个人因其作品以图书、报纸形式出版、发表而取得的所得。其中"作品"主要包括中外文字、图片、乐谱等能以图书、报刊方式出版、发表的作品；"个人作品"包括本人的著作、翻译的作品等
特许权使用费所得	是指个人提供专利权、著作权、商标权、非专利技术，以及其他特许权的使用权取得的所得
经营所得	包括个体工商户的生产、经营所得和对企事业单位的承包经营、承租经营所得
利息、股息、红利所得	是指个人拥有债权、股权而取得的利息、股息、红利所得。其中，利息是指个人的存款利息、贷款利息和购买各种债券的利息；股息是指股票持有人根据股份制公司章程的规定，凭股票定期从股份公司取得的投资收益；红利是指企业应分配的超过股息部分的利润
财产租赁所得	是指个人出租建筑物、土地使用权、机器设备、车船，以及其他财产取得的所得，其中财产包括动产和不动产，个人取得的财产转租收入也属于财产租赁所得
财产转让所得	是指个人转让有价证券、股权、建筑物、土地使用权、机器设备、车船，以及其他自有财产给他人或单位而取得的所得，包括转让不动产和动产取得的所得
偶然所得	是指个人取得的非经常性的所得，属于各种机遇性所得，包括得奖、中奖、中彩，以及其他偶然性质的所得（含现金、实物和有价证券）

个人所得税的税率分为综合所得适用税率、经营所得适用税率和其他所得适用税率三大类。其中，综合所得是指工资薪金所得、劳务报酬所得、稿酬

所得和特许权使用费所得，我国对综合所得采用的是七级超额累进税率，见表 4-7。

表 4-7 综合所得适用税率

级 数	全年应纳税所得额	税率（%）	速算扣除数
1	不超过 36 000.00 元的	3	0
2	超过 36 000.00 元至 144 000.00 元的部分	10	2 520.00
3	超过 144 000.00 元至 300 000.00 元的部分	20	16 920.00
4	超过 300 000.00 元至 420 000.00 元的部分	25	31 920.00
5	超过 420 000.00 元至 660 000.00 元的部分	30	52 920.00
6	超过 660 000.00 元至 960 000.00 元的部分	35	85 920.00
7	超过 960 000.00 元的部分	45	181 920.00

根据《中华人民共和国个人所得税法》(以下简称《个人所得税法》) 的规定："居民个人取得综合所得，按年计算个人所得税；有扣缴义务人的，由扣缴义务人按月或者按次预扣预缴税款"。一般来说，员工的工资、薪金是按月发放的，可将表 4-7 中"全年应纳税所得额"和"速算扣除数"分别除以 12 换算为以"月"为标准的个人所得税税率表。

我国对于经营所得采用的也是超额累进税率，共五级，见表 4-8。

表 4-8 经营所得适用税率

级 数	全年应纳税所得额	税率（%）
1	不超过 30 000.00 元的	5
2	超过 30 000.00 元至 90 000.00 元的部分	10
3	超过 90 000.00 元至 300 000.00 元的部分	20
4	超过 300 000.00 元至 500 000.00 元的部分	30
5	超过 500 000.00 元的部分	35

与综合所得和经营所得不同的是，个人的利息、股息、红利所得，财产租赁所得，财产转让所得，偶然所得等其他所得采取的是固定税率，且税率均为20%，通常都是按次计征个人所得税。

在计缴个人所得税时需要注意，还有一些项目在税前是可以扣除的，具体可参考《个人所得税法》中关于专项附加扣除的规定。

4.1.4 小规模纳税人应纳增值税如何计算

除了所得税之外，增值税也是企业需要缴纳的一项重要税额。根据缴纳增值税额的不同标准，可以将企业划分为一般纳税人与小规模纳税人，本小节就来了解小规模纳税人。

小规模纳税人是指年销售额在规定标准以下，并且会计核算不健全，不能按规定报送有关税务资料的增值税纳税人。这个规定标准以下是指连续四个季度累计应征增值税销售额未超过 500.00 万元。

增值税对小规模纳税人采用简易征收办法，实行按销售额与征收率计算应纳税额的办法。小规模纳税人增值税征收率为 3%；小规模纳税人（除其他个人外）销售自己使用过的固定资产，减按 2% 征收率征收增值税。

小规模纳税人销售货物或者应税劳务时，实行按照销售额和征收率计算应纳税额的简易办法，一般只能开具普通发票，取得的销售收入均为含税销售额，且不得抵扣进项税额。应纳税额计算方式为

应纳税额 = 销售额（不含税）× 征收率

销售额（不含税）= 含税销售额 ÷（1+ 征收率）

下面通过一个案例来计算小规模纳税人企业应缴纳的增值税。

> **实例分析** **计算某小规模纳税人企业应缴纳增值税**
>
> 某企业为增值税小规模纳税人，20×3 年 1 月购入原材料取得的增值税专用发票注明价款为 10 000.00 元，增值税税额为 1 300.00 元。当月销售产品开具的增值税普通发票注明含税价款为 123 600.00 元，适用的征收率为 3%。
>
> 不考虑其他因素，可计算出该企业 20×3 年 1 月应缴纳的增值税税额为
>
> 销售额（不含税）=123 600.00 ÷（1+3%）=120 000.00（元）
>
> 增值税应纳税额 =120 000.00 × 3% = 3 600.00（元）
>
> 故该企业 20×3 年 1 月应缴纳的增值税为 3 600.00 元。

4.1.5 一般纳税人应纳增值税如何计算

一般纳税人是指年应征增值税销售额超过税务主管部门规定的小规模纳税人标准的纳税人。一般纳税人可按照规定的税率计算纳税，并凭进货发票进行税款抵扣。

我国对于一般纳税人增值税税额的计算采用的是间接法，间接法是指并不直接计算增值额，而是采用抵扣税款的方法计算应纳增值税的税额。计算公式为

$$应纳税额 = 当期销项税额 - 当期进项税额$$

从以上公式可以看出，一般纳税人的应纳税额主要取决于当期销项税额与当期进项税额，下面就来详细介绍。

（1）销项税额

销项税额是指纳税人销售货物或者提供应税劳务时按照销售额和规定税率计算的增值税税额，计算公式为

$$销项税额 = 不含税销售额 \times 税率 = 含税销售额 \div (1+税率) \times 税率$$

其中，销售额是指纳税人销售货物或者提供应税劳务时从购买方收取的全部价款和一切价外费用。根据纳税人提供的业务不同，其计算方式也不同，主要包括表 4-9 中所列的几种。

（2）进项税额

进项税额是指纳税人购进货物或接受应税劳务时随价支付或负担的增值税税额，计算公式为

$$进项税额 = 买价（不含税） \times 扣除率$$

一般纳税人的进项税额是准予从销项税额中抵扣的，但是仅限于下列在增值税扣税凭证上注明的增值税税额：

①从销售方取得的增值税专用发票上注明的增值税额；
②从海关取得的海关进口增值税专用缴款书上注明的增值税额；
③购进农产品，除取得增值税专用发票或者海关进口增值税专用缴款书外，按照农产品收购发票或者销售发票上注明的农产品买价和 11% 的扣除率计算的进项税额，国务院另有规定的除外。

表 4-9 销售额的计算

内容	具体阐述
销售货物或提供劳务	一般纳税人销售货物或者提供应税劳务采用销售额和销项税额合并定价的，其计算公式为 销售额 = 含税销售额 ÷（1- 税率）
纳税人进口货物	纳税人进口货物以组成计税价格为依据计算应纳税额的，其计算公式为 组成计税价格 = 关税完税价格 + 关税 如果进口货物属于应征消费税的货物范围内的，其组成计税价格还应包括消费税额，计算公式为 组成计税价格 = 关税完税价格 + 关税 + 消费税
价格明显偏低或视同销售行为无销售额的	纳税人销售货物或者提供应税劳务的价格明显偏低而无正当理由的，或者视同销售行为而无销售额的，由主管税务机关按下列顺序核定其销售额： ①按纳税人最近时期同类货物的平均销售价格确定； ②按其他纳税人最近时期同类货物的平均销售价格确定； ③按组成计税价格确定，其计算公式为 组成计税价格 = 成本 ×（1+ 成本利润率） 当货物还涉及消费税时，还应包括消费税，其计算公式为 组成计税价格 = 成本 ×（1+ 成本利润率）÷（1- 消费税税率） 需要注意的是，上述等式中的成本是指销售自产货物的实际生产成本或销售外购货物的实际采购成本；成本利润率是由国家税务总局确定的
出租或出借包装物收取的押金	对纳税人为销售货物而出租出借包装物收取的押金单独核算的，不并入销售额。但对逾期未收回包装物而不再退还的押金，应并入销售额
以折扣方式销售货物	对纳税人采取折扣方式销售货物，销售额和折扣额在同一张发票上注明的，可按冲减折扣额后的销售额征收增值税

④自境外单位或者个人购进劳务、服务、无形资产或者境内的不动产，从税务机关或者扣缴义务人取得的代扣代缴税款的完税凭证上注明的增值税额。

下面通过一个案例来计算一般纳税人应缴纳的增值税。

实例分析 计算某一般纳税人企业应缴纳增值税

某企业为增值税一般纳税人，20×3 年 3 月该企业发生以下经济业务：

①外购用于生产家具的一批木材，全部价款已付且木材已验收入库，取得对方开具的增值税专用发票注明的货款为 40.00 万元，税率为 13%。

②销售家具一批，取得含税销售额 90.00 万元。

则该企业应缴纳的增值税税额计算为

销项税额 =90.00÷（1+13%）×13%≈10.35（万元）

进项税额 =40×13%=5.20（万元）

当期应纳增值税 =10.35-5.20=5.15（万元）

拓展贴士 价外费用

价外费用是向购买方收取的手续费、违约金、赔偿金、包装费、包装物租金、运输装卸费、代收款项、代垫款项及其他各种性质的价外收费。但是不包括以下款项。

①向购买方收取的销项税额。

②受托加工应征消费税的消费品所代收代缴的消费税。

③纳税人将承运部门开具给购货方的发票交给购货方的代垫运费。

4.1.6 什么条件下可以享受所得税减免优惠

虽然企业作为经济主体必须履行纳税义务，但同时也可以享受一些减免税优惠。减免税是指按照税收法律规定对部分企业进行扶持、鼓励或照顾，以减轻其税收负担的一种措施。

不同税种的优惠内容及条件都不同，这里主要讲述常见的企业所得税与增值税的减免优惠，对于其他税收优惠政策及时效性的变更，管理者可以在日常工作中多多关注。

我国企业所得税部分减免税优惠政策主要内容见表4-10和表4-11。

表 4-10 企业所得税减税优惠

企业类型	减税优惠
小型微利企业	【适用条件】 从事国家非限制和禁止行业，且同时符合以下条件： ①年度应纳税所得额不超过300.00万元且从业人数不超过300人； ②资产总额不超过5 000.00万元的企业。 【优惠政策】 2022年1月1日至2027年12月31日对小型微利企业年应纳税所得额超过100.00万元但不超过300.00万元的部分，减按25%计入应纳税所得额，按20%的税率缴纳企业所得税。 自2023年1月1日至2027年12月31日，对小型微利企业减半征收资源税（不含水资源税）、城市维护建设税、房产税、城镇土地使用税、印花税（不含证券交易印花税）、耕地占用税和教育费附加、地方教育附加

续上表

企业类型	减税优惠
从事污染防治的第三方企业	【适用条件】 ①从事污染防治的第三方企业，在中国境内（不包括港、澳、台地区）依法注册的居民企业。 ②具有一年以上连续从事环境污染治理设施运营实践，且能够保证设施正常运行。 ③具有至少五名从事本领域工作且具有环保相关专业中级及以上技术职称的技术人员，或者至少两名从事本领域工作且具有环保相关专业高级及以上技术职称的技术人员。 ④从事环境保护设施运营服务的年度营业收入占总收入的比例不低于60%。 ⑤具备检验能力，拥有自有实验室，仪器配置可满足运行服务范围内常规污染物指标的检测需求。 ⑥保证其运营的环境保护设施正常运行，使污染物排放指标能够连续稳定达到国家或者地方规定的排放标准要求。 ⑦具有良好的纳税信用，近三年内纳税信用等级未被评定为C级或D级。 【优惠政策】 对符合条件的从事污染防治的第三方企业减按15%的税率征收企业所得税，该政策的执行期限延长至2027年12月31日。 企业在2024年1月1日至2027年12月31日期间新购进的设备、器具，单位价值不超过500万元的，允许一次性计入当期成本费用在计算应纳税所得额时扣除，不再分年度计算折旧；单位价值超过500万元的，仍按《企业所得税法实施条例》等相关规定执行

表4-11 企业所得税免税优惠

情　形	免税优惠
从事农、林、牧、渔业行业	企业从事农、林、牧、渔业行业在以下情况免征企业所得税： ①从事蔬菜、谷物、薯类、油料、豆类、棉花、麻类、糖料、水果、坚果的种植； ②从事农作物新品种的选育； ③中药材的种植； ④林木的培育和种植； ⑤牲畜、家禽的饲养； ⑥林产品的采集； ⑦灌溉、农产品初加工、兽医、农技推广、农机作业和维修等农林牧渔服务业项目； ⑧远洋捕捞
国债利息收入	地方政府债券的利息所得免征企业所得税，但是国债、地方政府债券的转让收入要征收企业所得税
符合条件的居民企业	符合条件的居民企业之间的股息、红利等权益性投资收益免征企业所得税

4.1.7　什么条件下可以享受增值税减免优惠

根据一般纳税人与小规模纳税人性质的不同，减免税条件及优惠政策也不同，具体如下所示。

（1）一般纳税人

根据《中华人民共和国增值税法》（已于 2024 年 12 月 25 日公布，将于 2026 年 1 月 1 日起施行）规定："下列项目免征增值税：

（一）农业生产者销售的自产农产品，农业机耕、排灌、病虫害防治、植物保护、农牧保险以及相关技术培训业务，家禽、牲畜、水生动物的配种和疾病防治；

（二）医疗机构提供的医疗服务；

（三）古旧图书，自然人销售的自己使用过的物品；

（四）直接用于科学研究、科学试验和教学的进口仪器、设备；

（五）外国政府、国际组织无偿援助的进口物资和设备；

（六）由残疾人的组织直接进口供残疾人专用的物品，残疾人个人提供的服务；

（七）托儿所、幼儿园、养老机构、残疾人服务机构提供的育养服务，婚姻介绍服务，殡葬服务；

（八）学校提供的学历教育服务，学生勤工俭学提供的服务；

（九）纪念馆、博物馆、文化馆、文物保护单位管理机构、美术馆、展览馆、书画院、图书馆举办文化活动的门票收入，宗教场所举办文化、宗教活动的门票收入。

前款规定的免税项目具体标准由国务院规定。"

（2）小规模纳税人

根据财政部 税务总局《关于增值税小规模纳税人减免增值税政策的公告》（财政部 税务总局公告 2023 年第 19 号），符合条件的增值税小规模纳税人可以享受减免政策，公告执行至 2027 年 12 月 31 日，具体内容如下所述：

"一、对月销售额 10 万元以下（含本数）的增值税小规模纳税人，免征增值税。

二、增值税小规模纳税人适用 3% 征收率的应税销售收入，减按 1% 征收率征收增值税；适用 3% 预征率的预缴增值税项目，减按 1% 预征率预缴增值税。"

4.2 初步认识税务筹划

税务筹划是在纳税行为发生之前，在不违反法律法规的前提下，通过对经营、投资和理财等活动的事先筹划和安排尽可能地节税的一种税收筹划方法。

4.2.1 了解税务处理流程

无论企业的经营性质如何，都需要按照一定的流程缴纳税费，管理者了解税务处理流程有助于更好地掌握企业税务情况。这里以一般纳税人为例讲述税务处理流程，如图 4-2 所示。

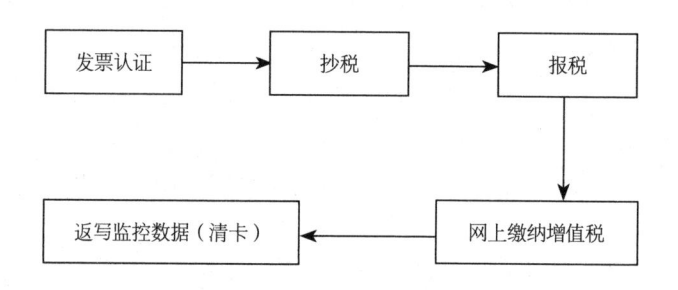

```
发票认证 → 抄税 → 报税
                    ↓
返写监控数据（清卡） ← 网上缴纳增值税
```

图 4-2　一般纳税人税务处理流程

第一步，对增值税发票所包含的数据进行识别、确认，信用等级为 A、B、C 等级的与符合条件的一般纳税人取得的进项税发票均可通过增值税发票税控系统网上认证。

第二步，一般纳税人通过开票软件将上月开票数据抄入税控盘或 IC 卡。

第三步，将已抄至税控盘或 IC 卡中的开票数据报送给税务机关，可选择网上报税或上门报税。

第四步，纳税申报完成后，要根据实际应缴纳的税款填写申报表，完成缴税。企业既可以与银行签订第三方协议直接在网上扣缴税款；也可以使用银行卡支付。

第五步，纳税人完成缴税且通过税务机关系统"一窗式"比对后，税务机关会将监控数据返写至纳税人的报税盘或 IC 卡中，完成报税盘或 IC 卡解锁，使纳税人的税控开票系统在申报期后可继续开具发票。

4.2.2 避免税务筹划误区

税务筹划具有合法性、筹划性、目的性、风险性和专业性的特点，但是很多企业对税务筹划没有正确的认识，以至于产生了以下一些误区。

（1）观念误区

提到税务筹划，很多人就会与"偷税""漏税"等行为混淆，认为税务筹划是通过一些不正当的手段来达到节税的目的，加之一些企业确实在以一些不正规的方式减少税收开支，如做假账等，就导致了人们对税务筹划的观念产生偏差。

其次，即使一些企业有税务筹划的观念，但是也没有认真考虑税务筹划会产生的成本。税务筹划具有专业性，也会产生一定的成本，需要企业认真考虑。虽然税务筹划可以科学合理节约税费，但是当企业税务筹划的成本大于筹划收益时，即使税负降了，但税务筹划也是失败的。

（2）目标误区

很多企业认为税务筹划的目标就是降低企业的税负或少缴纳税款，但其实这只是一方面。税务筹划的目标还包括滞延纳税时间，此处的滞延纳税是指纳税人、扣缴义务人在规定期限内不能按时申报纳税而向税务机关申请延期的纳税行为。企业可通过延缓支付获得货币的时间价值，减少利息支出。

此外，到底采取何种方式进行税务筹划还需要从企业的实际情况出发，不能只考虑短期利益，还需要顾及长期利益。

（3）风险误区

与纳税成本一样，很多企业只认识到了税务筹划可以减轻税负，而忽视了其风险。税务筹划的风险具有主观性与条件性，筹划是否合理、有效取决于纳税人对税收政策的认识与判断；当企业经济活动与税收政策发生变化时，原来的税收筹划方法可能也不适用了。

管理者要想更好地进行税务筹划工作，可以采取以下措施：

◆ 正确认识税务筹划

企业要具备税务筹划的意识，且需要对税务筹划有一个正确的认识，通过强化税务筹划意识可以使企业的纳税行为更加科学合理，从而减轻企业的税负，实现企业利益最大化。

◆ 明确税务筹划的目标

税务筹划应以实现企业价值最大化为目标，减轻税负是企业税务筹划的直接动机，但并不是最终目标。税务筹划需要结合当前的经济环境与自身的发展情况及策略目标，选择最合适的筹划组合。

◆ 遵循税务筹划的原则

为了避免税务筹划的风险，纳税人首先需要遵循税务筹划的原则，主要包括表4-12中所列的六点。

表4-12 税务筹划的原则

内容	具体阐述
合法性原则	税务筹划要在不违反国家税收法律法规的前提下进行，即纳税人通过对经营、投资等活动进行调整，以达到减轻税负、获取最大经济利益的目的
事前筹划原则	企业的税务筹划需要提前进行，因为企业经营活动一旦发生，各项纳税义务也就随之产生了，纳税人若此时再进行税务筹划是来不及的
效率性原则	企业进行税务筹划需要有效率，在规定的期限内才能达到节税的效果
目标性原则	企业进行税务筹划需要清楚税务筹划的目的，这样才能采用合理方法开展税收筹划
全局性原则	税务筹划应从整体角度考虑，即遵循全局性原则。企业缴纳的税种不止一种，某项税额的降低有可能导致其他税额的增加，因此企业要从整体角度考虑企业的总体税负
成本效益原则	企业税务筹划是有成本的，不能一味地考虑节税而忽略了成本，若成本大于效益，则这种税务筹划不可取，企业需要把握好筹划成本与取得效益的平衡

4.3 税务筹划方法多样化

税务筹划的方法多种多样，实践中往往也是多种方法结合起来用。管理者可以结合企业自身情况选择一种或多种方法，尽量降低成本和风险，实现收益最大化。

4.3.1 从总体角度出发选择税务筹划方法

不同的税种、不同的税收优惠政策都会影响企业税务筹划的效果，企业可以从以下一些切入点选择税务筹划方法，具体如下所述：

（1）选择空间大的税种

虽然企业税务筹划可以选择一切税种，但不同性质的税种在税务筹划时的途径、方法及收益也不同，因此在实际操作中，企业要尽量选择对经营活动有重大影响的税种作为税务筹划重点。税负弹性越大的税种，税务筹划的潜力也越大，因此企业的税务筹划还要选择一些主要的税种。

（2）选择有税收优惠政策的

企业如果能充分利用好税收优惠政策，本身也是一种税务筹划。但是在选择税收优惠政策作为税务筹划切入点时，应注意以下两个问题：

①纳税人不得曲解税收优惠条款，滥用税收优惠，以欺骗手段骗取税收优惠。

②纳税人应充分了解税收优惠条款，并按规定程序进行申请，避免因程序不当而失去应有权益。

（3）根据纳税人身份选择

不同身份的纳税人需要缴纳的税种也不一样，可以从源头上选择纳税人身份，从根本上减轻税负。

（4）根据不同财务管理阶段选择

企业财务管理主要包括筹资管理、投资管理和运营管理等环节，不同环节的税务筹划工作也不同。

◆ 筹资阶段

如企业通过债务筹资，负债利息可以作为所得税的扣除项目，如果是通过所有者投入资本筹资，其涉及的股息支付只能在企业税后利润中分配，不能在税前扣除，因此相比而言，债务筹资就有明显的税务筹划优势。

◆ 投资阶段

投资阶段可以通过表 4-13 中的几种方式来进行税务筹划。

表 4-13　投资阶段的税务筹划方法

筹划点	方　法
投资地点	选择投资地点时可以选择低税率地区，如选择沿海开发区、高新技术开发区、国家鼓励的西部地区，会享受相应的税收优惠
投资方式	选择投资方式时，除考虑不同投资方式产生的实际效益的区别外，还应注意到收购亏损企业可带来的所得税的降低
投资项目	选择投资项目时，可以尽量选择国家鼓励的投资项目和国家限制的投资项目，两者在税收支出上与常规的有很大差异
企业组织形式	不同的企业组织形式所适用的税率不一样

◆ 运营阶段

运营阶段可以考虑从以下几方面来进行税务筹划。

不同固定资产的折旧方法会影响纳税，虽然应计提的总额相等，但各期计提的折旧费用却相差很大，从而影响各期的利润及应纳税所得额。

采购时，采购对象的身份是不是一般纳税人也对税务筹划有很大影响。

4.3.2　结合减免税政策

利用减免税政策进行税务筹划就是指在合法、合理的情况下，使纳税人减少应纳税收或享受免税的税务筹划方法，下面分别进行介绍。

（1）利用免税政策进行税务筹划

对于纳税人来说，免征的税收相当于节减的税收，免税期越长，节减的税收也越多。纳税人可以利用免税筹划方法尽量争取更多的免税待遇或延长自身的免税期。

注意，利用免税政策的税务筹划方法虽然简单，但适用范围狭窄，也具有一定的风险性，一般都是对特定的纳税人、征税对象及特定情况进行免税，因此往往不具有普遍性。

能够运用免税方法的，往往都是一些被认为投资收益率低或风险高的地区、行业、项目等。如投资高科技企业可以获得免税待遇，还可能得到超过社会平均水平的投资收益，但风险也很高，很有可能投资失败，使免税变得无意义。

（2）利用减税政策进行税务筹划

利用减税政策进行税务筹划是在合法、合理的情况下，利用国家奖励性减税政策节减税收，尽量争取减税待遇并使减税最大化、减税期最长化。我国对重点扶持的公共基础设施项目、符合条件的环境保护及节能节水项目，对循环经济产业、符合规定的高新技术企业、小型微利企业和从事农业项目的企业等给予了一定的减税待遇。

但是这种方法也具有技术简单、适用范围狭窄、有一定风险的特点，企业使用时一定要注意是否适合。

4.3.3 结合税收扣除与税率差异政策

利用税收扣除与税率差异政策进行税务筹划是指在合法、合理、合规的情况下，使扣除额增加或通过税率的差异而节税的方法，具体介绍见表 4-14。

表 4-14 利用税收扣除与税率差异进行税务筹划

方法	具体阐述
税收扣除	利用税收扣除进行税务筹划的关键点在于在合法、合理的情况下，使扣除项目数量最多化、扣除金额最大化和扣除最早化。因为在其他条件相同的情况下，扣除的项目越多、金额越大，计税基数就越小，应纳税额就越小，因而节减的税收就越多；在其他条件相同的情况下，扣除越早，早期纳税越少，早期的现金流量就会越大，可用于扩大资本和进行投资的资金就会越多，将来的收益也越多，因而税收对企业产生的负担越小，相当于节税的效果。 但是利用税收扣除进行税务筹划，技术较为复杂，适用范围较大，不过优点是具有相对确定性
税率差异	税率差异在各国都普遍存在，一个国家为了鼓励某种产业或某行业等的发展，会规定不同的税率，纳税人可以利用税率差异，通过选择企业组织形式、投资规模和投资方向等，实现合法、合理合规地降低所缴纳的税费。 比如 A 国的企业所得税税率是 30%，B 国是 35%，C 国为 40%。那么在其他条件基本相似或利弊基本相似的条件下，投资者到 A 国开办企业就可有机会享受税收优惠政策。 利用税率差异进行税务筹划的要点在于尽量寻求税率最低化，以及尽量寻求税率差异的稳定性和长期性。在合法、合理、合规的情况下，寻求税率差异的稳定性和长期性，可以使纳税人获得长期的税收收益。 利用税率差异进行税务筹划时，还需要考虑这样做对企业的影响。 利用税率差异进行税务筹划适用的范围比较广，具有复杂性、相对确定性的特点。但该方法不仅受税率的影响，有时还受计税基数差异的影响，计税基数计算的复杂性使税率差异筹划变得复杂

4.3.4 利用其他方式进行税务筹划

除了上述税务筹划方法之外，企业还可以利用其他一些税收优惠政策进行税务筹划，见表4-15。

表 4-15 利用其他方式进行税务筹划

方 法	具体阐述
税收抵免	利用税收抵免筹划的关键点在于使抵免项目多样化、抵免金额最大化。在其他条件相同的情况下，抵免项目越多、金额越大，冲抵的应纳税项目与金额就越大，应纳税额就越小，节税就越多
退税政策	利用退税政策筹划就是在合法、合理的情况下，使税务机关退还纳税人已纳税款而直接节税的税务筹划方法
会计处理方法	不同的企业事项有着不同的会计处理方法，而不同的会计处理方法又对企业的财务状况有着不同的影响，所以通过选择会计处理方法也可以达到获取税收收益的目的。如对存货计价方法的选择和对固定资产折旧的筹划。 ①存货计价方法： 存货计价的方法有多种，如先进先出法、加权平均法、移动平均法、个别计价法和计划成本法等，不同的计价方法对货物的期末库存成本、销售成本影响不同，继而影响当期应税所得额。特别是在物价持续上涨或下跌的情况下，影响的程度会更大。纳税人可以利用其进行税务筹划，如在物价持续下跌的情况下，采用先进先出法有利于降低税负。 ②固定资产折旧： 固定资产折旧的方法主要包括平均年限法、工作量法等直线法和双倍余额递减法、年数总和法等加速折旧法。不同的折旧方法对应税所得额的影响不同。 同一固定资产采用不同的折旧方法，会使企业所得税税款提前或滞后缴纳，从而产生不同的货币时间价值。如果企业所得税的税率预期不会上升，理论上可以采用加速折旧的方式，一方面可以在计提折旧期间少缴企业所得税，另一方面可以尽快收回资金，加速资金周转。 在一般情况下，纳税人固定资产折旧费用的计算应该采取直线法，只有当企业的固定资产由于技术进步等原因确需加速折旧的，才可以缩短折旧年限或者采取加速折旧的方法
分劈技术	利用分劈技术是指在合法、合理的情况下，使所得、财产在两个或更多个纳税人之间进行分劈而直接节税的税务筹划技术。 采用分劈技术节税的要点在于使分劈合理化、节税最大化。利用国家的相关政策对企业的所得或财产进行分劈，技术比较复杂，因此除了要合法，企业还要特别注意其合理性

4.3.5 利用税收优惠政策需注意事项

前面已经介绍了很多税务筹划方法,基本上都是从税收优惠的角度来进行的,但是在利用税收优惠进行税务筹划时,还有一些事项需要纳税人注意。

(1)多渠道获取税收优惠政策

由于税务筹划具有事前筹划的特点,如果没能及时获取信息,就可能会错过本可以享受的税收优惠政策。一般来说,税收优惠政策的发布渠道有税务机关、税务网站、税务中介机构和税务专家等。

(2)充分利用税收优惠政策

充分利用已有的条件,在税收法律、法规允许的范围之内利用优惠政策进行筹划。

(3)与税务机关保持良好的沟通

要想顺利开展税收筹划,必定离不开税务机关的支持。与税务机关进行良好沟通,也有助于纳税人及时了解相关的税收优惠政策并获取专业人员的帮助。

第5章

注重合同管理与知识产权保护

合同管理与知识产权保护对于企业来说都是非常重要的，涉及企业的核心利益，需要引起管理者的高度重视。了解合同管理事项，防范合同管理风险，保护自身合法权益的同时知道有哪些侵权行为及需要承担的责任，守住法律的底线，规范经营，这些都是管理者的责任。

5.1 管理者需要知道的合同管理

合同作为企业最重要的文件之一，是双方当事人或多方确定各自权利与义务关系的协议。虽然不等于法律，但是依法成立的合同同样受法律保护，且具有法律约束力。作为管理者，需要对合同管理的内容有所了解，以防范不恰当的合同管理带来的风险。

5.1.1 明确合同签订事项及其效力

合同的签订是指缔约双方当事人相互为意思表示并达成一致意见而成立了合同。不同类型的合同内容也不同，合同的内容由当事人约定，一般包括表5-1中所列的条款。

虽然签订合同一般由专业的人员负责，但是合同事关重大，涉及企业的利益，管理者也需要对签订过程及法律效力有基本的认识，具体介绍见表5-2。

表 5-1　合同签订的一般条款

条　款	具体阐述
当事人的姓名或者名称和住所	合同当事人是合同权利和义务的承受者，名称、姓名和住址的确定能够使合同固定化、特定化
标的	标的是指经济合同当事人双方权利和义务共同指向的对象，确定标的物的交付能够使合同关系产生或者消灭
数量	数量规定了交货的数量和使用的计量单位
质量	质量条款主要用来约定质量标准
价款或者报酬	价款是指取得标的物所应支付的代价，通常指标的物本身的价款；报酬是指获得服务所应支付的代价
履行期限、地点和方式	合同的履行期限可以按照年、月、日进行计算；合同履行地点需要结合当事人的交易地点确定；合同履行方式包括交货、提货、运输、结算方式，具体的合同履行期限、地点和方式由双方当事人协商确定
违约责任	违约责任条款是确保合同双方完全履行约定的义务、保障自身权利的必备条款
解决争议的方法	在合同中要明确解决争议的办法，以防万一，才有保障

表 5-2　合同签订概述

项　目	内　容
合同签订的方式	合同的签订主要包括要约和承诺两个阶段： 【要约】 要约是指希望和他人订立合同的意思表示，需具备以下条件： ①要约内容要具体确定； ②必须是特定人所为的意思表示； ③要约必须向相对人发出； ④表明经受要约人承诺，要约人即受该意思表示约束。 【承诺】 承诺是受要约人同意要约的意思表示，应具备的条件如下： ①承诺必须由受要约人作出； ②承诺必须向要约人作出； ③承诺的内容必须与要约的内容一致； ④承诺必须在有效期限内作出

续上表

项 目	内 容
合同签订的过程	在合同签订过程中需要满足以下条件： ①须有双方或多方当事人。 合同为各方共同达成的协议，属于双方或多方的法律行为，因此，订立合同须至少由双方当事人参与，仅一方当事人的，不存在订立合同问题。 ②须有当事人之间的意思表示。 合同订立是由独立的主体互为意思表示，直到达成协议的过程。因此，合同的订立须有当事人互为意思表示，从要约、再要约，直到承诺。 ③须是特定当事人之间为缔约而为的意思表示。 订立合同只能是在特定的人或特定范围内的人之间进行，并且当事人须以缔约为目的进行接触，当事人之间相互所为的意思表示是为订约发出的
合同签订的结果	合同订立结束后一般会有以下两种结果： ①当事人之间达成一致，即合同成立，为合同订立的积极结果，也是当事人订立合同的意图的实现； ②当事人之间没有达成一致，即合同不成立，为合同订立的消极结果

一般来说，合同签订完成之后就具有了法律效力，管理者与企业都要树立法律意识，与合同签订方共同遵守合同内容，否则需要承担一定的违约后果。

5.1.2 规范履行合同及其注意事项

合同签订完之后，权利双方都需要按合同的规定履行义务。合同的履行应遵循诚信原则，另外还应遵循合同履行的特有原则，具体内容见表 5-3。

表 5-3 合同履行的特有原则

特有原则	具体阐述
适当履行原则	适当履行原则是指当事人应按照合同约定的标的、质量、数量，由适当的主体在适当的期限、地点，以适当的方式，全面完成合同义务的原则，这一原则主要有以下五点要求： ①履行主体适当，即当事人必须亲自履行合同义务，不得擅自转让合同义务或合同权利让其他人代为履行； ②履行标的物及其数量和质量适当，即当事人必须按合同约定的标的物来履行义务，而且还应依照合同约定的数量和质量来给付标的物；

续上表

特有原则	具体阐述
适当履行原则	③履行期限适当，即当事人必须依照合同约定的时间来履行合同，不得迟延履行或受领；若合同未约定履行时间，则双方当事人可随时提出或要求履行，但必须给对方必要的准备时间； ④履行地点适当，即当事人必须严格依照合同约定的地点来履行合同； ⑤履行方式适当，当事人必须严格按照合同约定的标的物履行方式和价款或报酬履行方式履行
协作履行原则	协作履行原则是指在合同履行过程中，双方当事人应互帮互助共同完成合同义务的原则，主要有以下三项要求： ①债务人履行合同债务时，债权人应适当受领给付； ②债务人履行合同债务时，债权人应创造必要条件，提供方便； ③债务人因故不能履行或不能完全履行合同义务时，债权人应积极采取措施防止损失扩大，否则自负扩大的损失
经济合理原则	经济合理原则是指在合同履行过程中，应追求经济效益，以尽量少的成本取得更多的合同效益
情势变更原则	情势变更原则是指合同成立之后，合同的基础条件发生了当事人在订立合同时无法预见的、不属于商业风险的重大变化，继续履行合同对于当事人一方明显不公平的，受不利影响的当事人可以与对方重新协商；在合理期限内协商不成的，当事人可以请求人民法院或者仲裁机构变更或者解除合同

此外，企业在履行合同时还需要注意以下问题。

（1）企业法人变更不影响合同

企业与客户之间签订的合同如果不存在违法行为、损害社会公共利益或违反公序良俗等情形，都是受法律保护的有效合同，双方有义务严格遵循约定，全面履行合同。无论是单位名称改变，还是更换法定代表人或负责人等，都不影响合同效力。

（2）选择可靠的付款方式

在确定付款方式时，无论是付款方还是收款方，除了金额较小的交易以外都尽量通过银行转账结算。现金结算涉及经办人签收，在签收效力上容易形成争议。

（3）验收有异议时及时提出

购进货物是企业的日常业务之一，货物需要及时验收，发现不符合合同约定的，尽量在合同约定的期限内以书面方式向对方明确提出异议，不必要的拖延可能会影响次品的更换与索赔。

（4）保护商业秘密

在履行合同过程中若接触到了对方的商业秘密，己方需要履行不泄露商业秘密的责任，否则很可能会承担一定的后果。

（5）及时行使不安抗辩权

在合同履行过程中，若有确凿的证据证明对方经营恶化或丧失偿债能力等情况，可以及时通知对方中止履行合同，等待对方提供担保，若对方在中止之后未能提供担保的，可以解除合同。

（6）及时止损

若发现对方有违约行为，为了防止损失扩大，应及时采取保护措施，由对方承担相关损失，否则可能无法挽回。

5.1.3 合同事项变更与解除

企业在进行合同管理过程中难免会遇到一些变更事项，管理者需要知道什么是合同变更事项。

合同变更是在不改变主体而使权利义务发生变化的现象。根据《民法典》相关规定：当事人协商一致，可以变更合同；当事人对合同变更的内容约定不明确的，推定为未变更。

除了合同变更之外，合同管理过程中还存在解除合同的事项。合同解除是指合同关系成立以后，当具备合同解除条件时，因当事人一方或双方的意思表示而使合同关系自始消灭或向将来消灭的一种行为。

合同解除主要有约定解除与法定解除两种情况。其中，约定解除又包括协议解除与约定解除权解除。当事人协商一致可解除合同，也可约定一方解除合同的事由，当解除合同的事由发生时，解除权人可以解除合同。

根据《民法典》第五百六十三条的规定："有下列情形之一的，当事人可以解除合同：

（一）因不可抗力致使不能实现合同目的；

（二）在履行期限届满前，当事人一方明确表示或者以自己的行为表明不履行主要债务；

（三）当事人一方迟延履行主要债务，经催告后在合理期限内仍未履行；

（四）当事人一方迟延履行债务或者有其他的违约行为致使不能实现合同目的；

（五）法律规定的其他情形。

以持续履行的债务为内容的不定期合同，当事人可以随时解除合同，但是应当在合理期限之前通知对方。"

此外，在合同解除后，不同情况下的效力与违约责任也不一样，《民法典》中对合同解除的效力也做了相关规定，如下所述。

《民法典》第五百六十六条规定："合同解除后，尚未履行的，终止履行；已经履行的，根据履行情况和合同性质，当事人可以请求恢复原状或者采取其他补救措施，并有权请求赔偿损失。

合同因违约解除的，解除权人可以请求违约方承担违约责任，但是当事人另有约定的除外。

主合同解除后，担保人对债务人应当承担的民事责任仍应当承担担保责任，但是担保合同另有约定的除外。"

5.1.4　制定规范的合同管理制度

企业的合同管理制度可以根据《民法典》及其他有关法规的规定制定，建立完善的合同管理制度有助于企业更规范地管理合同，同时也能降低合同管理的风险。

合同管理制度包括但不限于以下六个方面的内容：

①合同管理制度总则；

②合同的签订；

③合同的审查批准；

④合同的履行；

⑤合同的变更解除；

⑥合同的管理。

5.2 管理者需要知道的知识产权保护

企业知识产权主要包括著作权、商标权、专利权等，是企业智力成果的体现和创新能力的证明。保护企业的知识产权有利于提高企业的竞争力，增加企业的无形资产。

5.2.1 企业著作权的内容

著作权是指自然人、法人或其他组织对文学、艺术和科学作品享有的财产权利和精神权利的总称。根据《中华人民共和国著作权法》（以下简称《著作权法》）第三条规定："本法所称的作品，是指文学、艺术和科学领域内具有独创性并能以一定形式表现的智力成果，包括：

（一）文字作品；

（二）口述作品；

（三）音乐、戏剧、曲艺、舞蹈、杂技艺术作品；

（四）美术、建筑作品；

（五）摄影作品；

（六）视听作品；

（七）工程设计图、产品设计图、地图、示意图等图形作品和模型作品；

（八）计算机软件；

（九）符合作品特征的其他智力成果。"

我国著作权主要包括著作人身权和著作财产权，内容如下所述。

（1）著作人身权

著作人身权主要包括以下四项权利：

①发表权。即决定作品是否公开的权利，除特殊情况外，仅能由作者行使该权利。

②署名权。即表明作者身份，在作品上署名的权利。它包括作者决定是否署名，署真名、假名或笔名，禁止或允许他人署名等权利。

③修改权。即修改或授权他人修改作品的权利。

④保护作品完整权。即保护作品不受歪曲、篡改的权利。

（2）著作财产权

著作财产权主要包括表 5-4 中所列的 13 项权利。

表 5-4　著作财产权的 13 项权利

权　利	具体阐述
复制权	即以印刷、复印、拓印、录音、录像、翻录、翻拍、数字化等方式将作品制作一份或者多份的权利
发行权	即以出售或赠与方式向公众提供作品的原件或者复制件的权利
出租权	即有偿许可他人临时使用视听作品、计算机软件的原件或者复制件的权利，计算机软件不是出租的主要标的的除外
展览权	即公开陈列美术作品、摄影作品的原件或者复制件的权利
表演权	即公开表演作品，以及用各种手段公开播送作品的表演的权利
放映权	即通过放映机、幻灯机等技术设备公开再现美术、摄影、视听作品等的权利
广播权	即以有线或者无线方式公开传播或者转播作品，以及通过扩音器或者其他传送符号、声音、图像的类似工具向公众传播广播的作品的权利，但不包括信息网络传播权规定的权利
信息网络传播权	即以有线或者无线方式向公众提供，使公众可以在其选定的时间和地点获得作品的权利
摄制权	即以摄制视听作品的方法将作品固定在载体上的权利
改编权	即改变作品，创作出具有独创性的新作品的权利
翻译权	即将作品从一种语言文字转换成另一种语言文字的权利
汇编权	即将作品或者作品的片段通过选择或者编排，汇集成新作品的权利
其他权利	应当由著作权人享有的其他权利

5.2.2　著作权的使用限制

著作权虽然有特定的使用主体，但是根据法律规定，在某些情况下可以不经著作权人许可而使用其作品且不会构成侵权，主要包括以下三大类情况。

（1）合理使用

合理使用是指著作权人以外的主体，在法律规定的情形下可以不经著作权人许可，不向著作权人支付报酬而使用作品的制度。根据我国《著作权法》第二十四条的规定："在下列情况下使用作品，可以不经著作权人许可，不向其支付报酬，但应当指明作者姓名或者名称、作品名称，并且不得影响该作品的正常使用，也不得不合理地损害著作权人的合法权益。

（一）为个人学习、研究或者欣赏，使用他人已经发表的作品；

（二）为介绍、评论某一作品或者说明某一问题，在作品中适当引用他人已经发表的作品；

（三）为报道新闻，在报纸、期刊、广播电台、电视台等媒体中不可避免地再现或者引用已经发表的作品；

（四）报纸、期刊、广播电台、电视台等媒体刊登或者播放其他报纸、期刊、广播电台、电视台等媒体已经发表的关于政治、经济、宗教问题的时事性文章，但著作权人声明不许刊登、播放的除外；

（五）报纸、期刊、广播电台、电视台等媒体刊登或者播放在公众集会上发表的讲话，但作者声明不许刊登、播放的除外；

（六）为学校课堂教学或者科学研究，翻译、改编、汇编、播放或者少量复制已经发表的作品，供教学或者科研人员使用，但不得出版发行；

（七）国家机关为执行公务在合理范围内使用已经发表的作品；

（八）图书馆、档案馆、纪念馆、博物馆、美术馆、文化馆等为陈列或者保存版本的需要，复制本馆收藏的作品；

（九）免费表演已经发表的作品，该表演未向公众收取费用，也未向表演者支付报酬，且不以营利为目的；

（十）对设置或者陈列在公共场所的艺术作品进行临摹、绘画、摄影、录像；

（十一）将中国公民、法人或者非法人组织已经发表的以国家通用语言文字创作的作品翻译成少数民族语言文字作品在国内出版发行；

（十二）以阅读障碍者能够感知的无障碍方式向其提供已经发表的作品；

（十三）法律、行政法规规定的其他情形。

前款规定适用于对与著作权有关的权利的限制。"

（2）法定许可

法定许可是指在法律规定的某些情形下，可以不经著作权人许可而使用其作品，但需要向著作权人支付报酬的制度。法定许可情形有表5-5中的一些。

表 5-5　法定许可的情形

情　形	具体阐述
教科书编写	为实施义务教育和国家教育规划而编写出版教科书，可以不经著作权人许可，在教科书中汇编已经发表的作品，但应当按照规定向著作权人支付报酬，注明作者姓名或名称、作品名称，并且不得侵犯著作权人依照《著作权法》享有的其他权利
报刊转载	著作权人向报社、期刊社投稿的作品刊登后，除著作权人声明不得转载、摘编的外，其他报刊可以转载或者作为文摘、资料刊登，但应当按照规定向著作权人支付报酬
音乐作品	录音制作者使用他人已经合法录制为录音制品的音乐作品制作录音制品，可以不经著作权人许可，但应当按照规定支付报酬；著作权人声明不许使用的不得使用
广播电台、电视台播放已发表作品	广播电台、电视台播放他人已发表的作品，可以不经著作权人许可，但应当按照规定支付报酬；播放视听作品需要取得视听作品著作权人或录像制作者的许可，并支付报酬；播放录像制品需取得录像制作者、著作权人的许可，并支付报酬
课件制作	为通过信息网络实施九年制义务教育或者国家教育规划，可以不经著作权人许可，使用其已经发表作品的片断或者短小的文字作品、音乐作品或者单幅的美术作品、摄影作品制作课件，由制作课件或者依法取得课件的远程教育机构通过信息网络向注册学生提供，但应当向著作权人支付报酬

（3）发行权权利穷竭

著作权穷竭是指以销售方式将作品原件或复制件投放市场后，任何人可以不经著作权人许可而继续发行销售该作品原件或复制件。这是为了维护市场交易秩序，保护消费者的合法权益。著作权穷竭并不意味着著作权权利的消灭，而是指著作权人仅有权控制复制件的第一次公开发行，并由此获得相应的经济利益。发行权一经行使，著作权人就不能继续控制有关复制件的进一步发行。

由此可以看出，发行权穷竭需要符合两个要件，如下所述：

①作品的原件或复制件是以转让方式流通的，即所有权发生转移。

②转让的行为是经过著作权权利人同意的。

5.2.3　专利权包括哪些内容

专利权也是知识产权的一种，是指国家以发明创造对社会有符合法律规定的利益为前提，根据发明人或设计人的申请，向社会公开发明创造的内容，根据法定程序在一定期限内授予发明人或设计人的一种排他性权利。专利权主要包括发明专利、实用新型专利和外观设计专利，具体内容如下所述：

（1）发明专利

发明是指对产品、方法或者其改进所提出的新的技术方案，具体内容见表 5-6。

表 5-6　发明专利的内容

内　容	具体阐述
类型	发明专利主要包括产品发明和方法发明两种： ①产品发明是指创造出包含新技术方案的物品，如对机器、设备、工具、用品等物品进行改进而作出的发明创造； ②方法发明是指利用规律，使用、制造或测试产品的新的步骤和手段，如适用于某种物品的加工方法、测试方法、制造工艺等
授予条件	发明要被授予专利，应当具备新颖性、创造性和实用性，具体如下： 【新颖性】 新颖性是指该发明不属于现有技术，也没有任何单位或个人就同样的发明在申请日之前向国务院专利行政部门提出过申请。其中"现有技术"包括以下三种： ①在申请日以前已在国内外出版物上公开发表； ②在申请日以前已经在国内外公开使用； ③其他为公众所知的方式
授予条件	【创造性】 创造性是指与现有技术相比，该发明具有突出的实质性特点和显著的进步，通常认为具有显著进步性的情形包括以下四种： ①取得质量改善、产量提高、节约能源等更好的技术效果； ②代表了某种新技术的发展趋势； ③虽然技术效果达到或基本达到现有技术的水平，但提供了一种技术构思不同的方案； ④其他辅助因素，包括克服技术偏见、商业上取得成功等。 【实用性】 实用性是指该发明能够制造或者使用，并且能够产生积极效果，其含义有以下三个方面： ①必须能够在产业上制造或使用； ②必须能够应用于解决技术问题； ③必须具有积极的效果
保护期限	发明专利权的保护期限为 20 年，自申请日起计算

（2）实用新型专利

实用新型专利是指对产品的形状、构造或者其结合所提出的适于实用的新的技术方案。其中，产品形状是指可以观察到的确定的空间形状；无确定形状的产品，如气态、液态、粉末状、颗粒状的物质或材料等，其形状不能作为实用新型产品的形状特征。产品构造是指产品的各个组成部分的安排、组织和相互关系。

实用新型专利与发明专利一样，其授予条件也包括新颖性、创造性和实用性这三点，只不过这类型权利的保护期限为 10 年。

（3）外观设计专利

外观设计专利是指对产品的整体或局部的形状、图案或其结合，以及色彩与形状、图案的结合所作出的富有美感并适于工业应用的新设计。可见外观设计专利应该符合以下要求：

①针对形状、图案、色彩或者其结合的设计；
②必须是对产品的外表所做的设计；
③须富有美感；
④必须是适于工业上的应用。

外观设计专利的保护期限为 15 年。

5.2.4　商标权包括哪些内容

商标权是指民事主体享有的在特定商品或服务上以区分来源为目的的排他性使用特定标志的权利。商标权的取得方式包括通过使用取得和通过注册取得两种方式，通过注册获得商标权又称注册商标专用权。按照不同的标准，可以将商标权分为表 5-7 中所列的五类。

表 5-7　商标权的种类

种　类	具体阐述
商品商标和服务商标	商品商标是指商品生产者在自己生产或经营的商品上使用的商标。在商品上使用是指将商标贴附在商品上或者商品的包装、容器、交易文书等上，将商标用于广告宣传、商品展销，以及其他商业活动中也属于商标使用。 服务商标是提供服务的经营者为将自己提供的服务与他人的服务相区分而使用的商标，服务商标的使用方式包括以下两种： ①直接使用于服务，如使用于服务介绍手册、服务场所的照片、工作人员服饰等与服务有联系的文件资料上； ②将商标使用在广告中
集体商标和证明商标	集体商标是指以团体、协会或其他组织名义注册的专供该组织成员在商事活动中使用，以表明使用者在该组织中的成员资格的标志。 证明商标是指由对某种商品或者服务具有监督能力的组织所控制，而由该组织以外的单位或者个人使用于其商品或者服务，用以证明该商品或者服务的原产地、原料、制造方法、质量或者其他特定品质的标志

续上表

种 类	具体阐述
驰名商标	驰名商标是指在中国境内为相关公众所熟知的商标，与一般商标相比有特殊性，一般商标只能在同类商品或服务上获得保护，而注册的驰名商标不仅可以获得同类保护，还可以获得跨类保护
联合商标和防御商标	联合商标是指某一个商标所有者在相同的商品上注册几个近似的商标，或在同一类别的不同商品上注册几个相同或近似的商标，这些相互近似的商标称为联合商标。这些商标中首先注册的或者主要使用的为主商标，其余的为联合商标。 防御商标是指同一民事主体在不同类别的若干商品上注册的相同的商标，先注册的是主商标，其他商标是防御商标
注册商标和未注册商标	注册商标是指经商标管理机构依法核准注册的商标，商标一经注册便获得使用注册商标的专有权和排斥他人在同一种商品或者类似商品上使用与其注册商标相同或者近似的商标的禁止权。 未注册商标是指未获得国家主管机关的注册，使用人不具有商标专用权的商标。未注册商标不享有商标的专用权，但是可以使用，并可享有使用所产生的影响和信誉

获得商标权的主体享有以下权利：

（1）专有使用权

商标权人有权在其核定的商品和服务项目上使用其核准注册的商标，未经商标权人许可，任何人不能在同一种或类似的商品与服务上使用与其注册商标相同或者近似的商标。

（2）商标处分权

商标注册人有权按照自己的意志以许可、转让、出质和投资等方式处置其注册商标。

（3）使用注册标记权

商标权人有权在使用注册商标时标明"注册商标"字样或注册标记。

（4）有效期限

《中华人民共和国商标法》（以下简称《商标法》）第三十九条规定："注册商标的有效期为十年，自核准注册之日起计算。"根据第四十条规定："注册商标有效期满，需要继续使用的，商标注册人应当在期满前十二个月内按照规定办理续展手续；在此期间未能办理的，可给予六个月的宽展期。每次续展注册的有效期为十年，自该商标上一届有效期满次日起算。期满未办理续展手续的，注销其注册商标……"

5.2.5 企业商标的取得条件

商标权是企业的一项重要资产，有利于企业树立自己的品牌，增强企业竞争力。但是想要取得商标权，企业也需要遵循以下原则和满足以下条件。

（1）遵循的原则

取得商标权应遵循的原则包括使用取得原则与注册取得原则。

①使用取得原则：商标权的获得依据之一是商标在商业活动中被真实使用过，注册只是证明享有商标权的初步证据。商标只有被真实地使用，才能发挥其功能和作用，无使用实质的商标无必要给予商标权保护。

②注册取得原则：商标权的另一个获得依据是商标经过了工商行政管理部门商标局的核准注册，未注册的商标不享有商标权的保护。

我国采取的是注册取得原则，虽然注册取得原则会导致一些恶意注册商标的行为发生，但该原则的优势在于安全和效率，且我国也在不断强化对未注册商标的保护。

（2）取得的条件

商标取得的条件主要包括表 5-8 中的四项。

表 5-8 取得商标应符合的条件

条　件	具体阐述
合法性	合法性主要包括以下两方面的要求： ①商标标识的构成要素应当符合《商标法》第八条的要求，任何能够将自然人、法人或其他组织的商品与他人的商品区别开的标志，包括文字、图形、字母、数字、三维标志、颜色组合和声音等，以及上述要素的组合，均可以作为商标申请注册。 ②作为商标使用的标志不能是法律规定不得作为商标的标志
显著性	商标的显著性是指商标标识要具有显著特征，能够将使用人的商品或服务与他人的商品或服务区别开来。根据《商标法》第十一条规定，下列标志不得作为商标注册： ①仅有本商品的通用名称、图形、型号的； ②仅直接表示商品的质量、主要原料、功能、用途、重量、数量及其他特点的； ③其他缺乏显著特征的

续上表

条　件	具体阐述
三维标志不得具有功能性	商标的非功能性是指具有功能性的商标标志不得注册为商标，商标的功能应当申请专利保护。根据《商标法》第十二条规定，以三维标志申请注册商标的，仅由商品自身的性质产生的形状、为获得技术效果而需有的商品形状或者使商品具有实质性价值的形状，不得注册
不与他人的在先权利和权益冲突	所保护的在先权利是指在商标申请注册之前即已存在并合法有效的权利。当不同主体在相同或类似商品上同日申请相同或近似商标，以及以不正当手段抢先申请注册他人使用在先并有一定影响的商标时，《商标法》对在先使用商标提供保护。 根据《商标法》第三十一条规定，两个或两个以上的商标注册申请人，在同一种商品或者类似商品上，以相同或者近似的商标申请注册的，初步审定并公告申请在先的商标；同一天申请的，初步审定并公告使用在先的商标，驳回其他人的申请，不予公告。 根据《商标法》第三十二条规定，申请商标注册不得损害他人现有的在先权利，也不得以不正当手段抢先注册他人已经使用并有一定影响的商标

5.2.6　商标权的使用限制

即使有《商标法》的保护，还是不能完全避免一些使用他人注册商标却不构成侵权的行为；而有些行为虽然涉及利用商标的识别功能，却基于正当的理由或目的，也不构成侵权。为了进行区分，管理者需要明确商标权的使用限制有哪些。

我国商标权的使用限制主要涉及以下三方面。

（1）商标的正当使用

商标正当使用是指非商标权人在一定条件下，使用他人商标而不构成商标侵权行为，主要包括表5-9中的几方面。

表5-9　商标的正当使用

内　容	具体阐述
商标描述性使用	商标描述性使用是指如果使用商标的目的是合理、善意地描述自己商品或服务的特性等信息，而不是在商标意义上的使用，则这种使用行为是合理的。根据我国《商标法》第五十九条规定，注册商标中含有的本商品的通用名称、图形、型号，或者直接表示商品的质量、主要原料、功能、用途、重量、数量及其他特点，或者含有的地名，注册商标专用权人无权禁止他人正当使用

续上表

内　容	具体阐述
商标指示性使用	若使用他人商标中的文字或图形是为了说明自己提供的商品或服务能够与使用该商标的商品或服务配套，或是为了传递商品或服务来源于商标权人这一真实信息，而非为了让消费者产生混淆，则构成"指示性使用"，不属于侵权行为
基于其他正当目的或理由的使用	《商标法》的立法目的之一是防止他人无偿利用注册商标来牟取不正当利益，以实现公平的商业竞争。对于在商标注册前就已经有人善意地在相同或相似产品上使用了与注册商标相同或近似的商标，则不构成侵权

（2）商标权用尽

"商标权用尽"又称"商标权枯竭"，是指对于经商标权人许可或以其他方式合法投放市场的商标品，他人在购买之后无须经过商标权人许可，就可将该带有商标的商品再次出售或以其他方式提供给公众。

（3）平行进口

平行进口是指一国的进口商未经该国享有知识产权的权利人的授权，将由权利人自己或经权利人同意在其他国家或地区已合法投放至市场的产品进口至该国的行为。

5.3　合同管理与知识产权保护责任

合同管理与知识产权保护对于企业来说都是非常重要的事项，管理者除了要知道一些基础的常识以外，更需要关注两者容易产生哪些问题或哪些责任，以便在保护自身合法权益的同时避免侵犯别人的权利。

5.3.1　合同管理容易产生哪些问题

一些管理者缺乏合同管理意识或管理合同的方法不正确，就容易产生以下一些问题，需要及时纠正。

（1）合同内容不够严谨

合同内容不够严谨主要表现在表 5-10 中的三方面。

表 5-10　合同内容不严谨的表现

表　现	具体阐述
合同文字不严谨	合同事项涉及双方的法律责任与义务，文字表述不准确很容易引起争议，所以签订合同需要用严谨文字表达意思
只有从合同没有主合同	主合同是指能够独立存在的合同，从合同是指以主合同为前提存在的合同，没有主合同的从合同是没有根据的
合同条款不全面、不完整	合同条款不完整，内容有缺陷，一旦发生违约责任也很容易产生争议

（2）合同签订后没有后续跟进

很多企业在签订合同时会比较重视，但签订结束后往往容易忽视后续的事项，导致合同签订与合同执行脱节。其他相关人员若只履行自己的工作职责，对合同具体执行情况及细节不了解，也容易在日后产生合同纠纷。

（3）合同执行过程中忽视变更管理

合同履约过程中的变更是很正常的，但一些管理人员缺乏及时变更的意识，不知道合同变更的目的，就可能导致损失。

针对上述这些常见的合同管理问题，企业可以从表 5-11 中的几个方面着手进行改正。

表 5-11　常见合同管理问题解决措施

措　施	具体阐述
增强合同索赔意识	针对一些管理人员缺乏合同管理意识的问题，企业应进行相关教育培训，强化合同管理意识；产生合同问题时要及时认清双方的责任，运用法律武器保护自己的权益
重视合同交底	签订完合同之后不能就此不管，涉及企业合法权益的问题需要严格对待，要重视企业合同的全过程管理。涉及的项目负责人及各职能部门的负责人都应相互交底，陈述合同的基本情况，并做好风险防范措施
加强合同变更管理	变更合同事项与签订合同一样需要承担法律责任，甚至承担的法律责任比签订合同更复杂，更细致，所以企业也需要重视合同的变更事项

5.3.2 如何保护企业著作权

要了解如何保护企业著作权，管理者首先需要知道对不同种类著作权的保护期是多久。不同的权利内容的保护期也不一样，具体如下所述：

（1）著作人身权

①我国《著作权法》规定："作者的署名权、修改权、保护作品完整权的保护期不受限制。"

②发表权的保护期为作者终生及其死亡后50年，截止于作者死亡后第50年的12月31日；如果是合作作品，截止于最后死亡的作者死亡后第50年的12月31日。

③法人或非法人组织的作品、著作权（署名权除外）由法人或者非法人组织享有的职务作品，其发表权的保护期为50年，截止于作品创作完成后第50年的12月31日。

④视听作品发表权的保护期为50年，截止于作品创作完成后第50年的12月31日。

（2）著作财产权

自然人著作财产权的保护期为作者终生及其死亡后50年，截止于作者死亡后第50年的12月31日；如果是合作作品，截止于最后死亡的作者死亡后第50年的12月31日。

法人或非法人组织的作品、著作权（署名权除外）由法人或者非法人组织享有的职务作品的著作财产权的保护期为50年，截止于作品首次发表后第50年的12月31日，但作品自创作完成后50年内未发表的，不再保护。

视听作品的著作财产权的保护期为50年，截止于作品首次发表后第50年的12月31日，但作品自创作完成后50年内未发表的，不再保护。

其次，为了保护自己的合法权益不被侵犯，同时不侵犯别人的权益，管理者也需要知道常见的侵权行为，以及可能承担的责任。著作权侵权是指未经著作权人许可，擅自实施受著作权人专有权利控制的行为，但法律另有规定的除外，主要包括表5-12中所列的内容。

表 5-12　著作权的侵权行为及其法律责任

承担责任	具体侵权行为
民事责任	根据我国《著作权法》第五十二条的规定，有下列侵权行为的，应当根据情况，承担停止侵害、消除影响、赔礼道歉、赔偿损失等民事责任： （一）未经著作权人许可，发表其作品的； （二）未经合作作者许可，将与他人合作创作的作品当作自己单独创作的作品发表的； （三）没有参加创作，为谋取个人名利，在他人作品上署名的； （四）歪曲、篡改他人作品的； （五）剽窃他人作品的； （六）未经著作权人许可，以展览、摄制视听作品的方法使用作品，或者以改编、翻译、注释等方式使用作品的，本法另有规定的除外； （七）使用他人作品，应当支付报酬而未支付的； （八）未经视听作品、计算机软件、录音录像制品的著作权人、表演者或者录音录像制作者许可，出租其作品或者录音录像制品的原件或者复制件的，本法另有规定的除外； （九）未经出版者许可，使用其出版的图书、期刊的版式设计的； （十）未经表演者许可，从现场直播或者公开传送其现场表演，或者录制其表演的； （十一）其他侵犯著作权以及与著作权有关的权利的行为
刑事责任	根据《著作权法》第五十三条规定，有下列侵权行为的，应当根据情况，承担本法第五十二条规定的民事责任；侵权行为同时损害公共利益的，由主管著作权的部门责令停止侵权行为，予以警告，没收违法所得，没收、无害化销毁处理侵权复制品以及主要用于制作侵权复制品的材料、工具、设备等，违法经营额五万元以上的，可以并处违法经营额一倍以上五倍以下的罚款；没有违法经营额、违法经营额难以计算或者不足五万元的，可以并处二十五万元以下的罚款；构成犯罪的，依法追究刑事责任： （一）未经著作权人许可，复制、发行、表演、放映、广播、汇编、通过信息网络向公众传播其作品的，本法另有规定的除外； （二）出版他人享有专有出版权的图书的； （三）未经表演者许可，复制、发行录有其表演的录音录像制品，或者通过信息网络向公众传播其表演的，本法另有规定的除外； （四）未经录音录像制作者许可，复制、发行、通过信息网络向公众传播其制作的录音录像制品的，本法另有规定的除外； （五）未经许可，播放、复制或者通过信息网络向公众传播广播、电视的，本法另有规定的除外； （六）未经著作权人或者与著作权有关的权利人许可，故意避开或者破坏技术措施的，故意制造、进口或者向他人提供主要用于避开、破坏技术措施的装置或者部件的，或者故意为他人避开或者破坏技术措施提供技术服务的，法律、行政法规另有规定的除外； （七）未经著作权人或者与著作权有关的权利人许可，故意删除或者改变作品、版式设计、表演、录音录像制品或者广播、电视上的权利管理信息的，知道或者应当知道作品、版式设计、表演、录音录像制品或者广播、电视上的权利管理信息未经许可被删除或者改变，仍然向公众提供的，法律、行政法规另有规定的除外； （八）制作、出售假冒他人署名的作品的

最后，若企业发生了著作权纠纷，也可以通过以下措施来保护自己的合法权益。

◆ 调解

根据我国《著作权法》第六十条规定:"著作权纠纷可以调解,也可以根据当事人达成的书面仲裁协议或者著作权合同中的仲裁条款,向仲裁机构申请仲裁。当事人没有书面仲裁协议,也没有在著作权合同中订立仲裁条款的,可以直接向人民法院起诉。"

◆ 仲裁

仲裁是指向仲裁机构提请仲裁,当一方不履行仲裁裁决时,另一方也可以提起诉讼。

◆ 诉讼

诉讼是通过司法程序解决纠纷的方式,主要用于以下三种情况:
①当事人直接因著作权纠纷向人民法院诉讼解决。
②通过调解达不成协议或者一方在达成协议后反悔,另一方可以通过诉讼解决纠纷。
③一方不执行仲裁裁决,另一方可以提起诉讼解决。

5.3.3 假冒专利会承担什么样的后果

假冒专利行为是指对于非专利产品或以非专利方法生产的产品,行为人在包装上标注专利标记、在宣传材料上假称为专利产品、伪造或变造专利证书等文件的行为。

按照《中华人民共和国专利法实施细则》(以下简称《专利法实施细则》)第一百零一条的规定:"下列行为属于专利法第六十八条规定的假冒专利的行为:

(一)在未被授予专利权的产品或者其包装上标注专利标识,专利权被宣告无效后或者终止后继续在产品或者其包装上标注专利标识,或者未经许可在产品或者产品包装上标注他人的专利号;

(二)销售第(一)项所述产品;

(三)在产品说明书等材料中将未被授予专利权的技术或者设计称为专利技术或者专利设计,将专利申请称为专利,或者未经许可使用他人的专利号,使公众将所涉及的技术或者设计误认为是专利技术或者专利设计;

(四)伪造或者变造专利证书、专利文件或者专利申请文件;

(五)其他使公众混淆,将未被授予专利权的技术或者设计误认为是专利技术或者专利设计的行为。

专利权终止前依法在专利产品、依照专利方法直接获得的产品或者其包装上标注专利标识，在专利权终止后许诺销售、销售该产品的，不属于假冒专利行为。

销售不知道是假冒专利的产品，并且能够证明该产品合法来源的，由县级以上负责专利执法的部门责令停止销售。"

根据法律规定，假冒专利要承担民事责任、行政责任与刑事责任，见表5-13。

表5-13 假冒专利行为需要承担的责任

责　任	说　　明
民事责任	行为人实施了假冒专利行为，同时又侵犯了他人专利权的，应当承担侵权法上的停止侵害、排除妨碍、赔偿损失等侵权责任
行政责任	根据我国《专利法》第六十八条的规定，假冒专利的，除依法承担民事责任外，由负责专利执法的部门责令改正并予公告，没收违法所得，可以处违法所得五倍以下的罚款；没有违法所得或者违法所得在五万元以下的，可以处二十五万元以下的罚款；构成犯罪的，依法追究刑事责任。 关于违法所得的计算方式，《专利行政执法办法》第四十七条作出明确规定，销售假冒专利的产品的，以产品销售价格乘以所销售产品的数量作为其违法所得；订立假冒专利的合同的，以收取的费用作为其违法所得
刑事责任	《中华人民共和国刑法》（以下简称《刑法》）第二百一十六条规定，假冒他人专利，情节严重的，处三年以下有期徒刑或者拘役，并处或者单处罚金

企业在遇到被假冒专利的情况时，可以通过以下两种手段寻求帮助。

①请求专利执法部门进行查处。负责专利执法的部门会根据取得的证据对涉嫌假冒专利的行为进行查处，采取检查涉嫌违法行为的场所、查阅与涉嫌违法行为有关的资料、对有证据证明是假冒专利的产品进行查封或扣押等措施。

②向人民法院提起诉讼。企业也可以直接向侵权结果发生地或被告住所地人民法院提起诉讼。

5.3.4　商标侵权行为及其法律责任

商标侵权行为是指未经商标注册人的许可，在同一种商品或者类似商品上使用与其注册商标相同或者近似的商标，或者其他干涉妨碍商标权人使用其注册商标，损害商标权人合法权益的行为。根据《商标法》第五十七条规定："有下列行为之一的，均属侵犯注册商标专用权：

（一）未经商标注册人的许可，在同一种商品上使用与其注册商标相同的商标的；

（二）未经商标注册人的许可，在同一种商品上使用与其注册商标近似的商标，或者在类似商品上使用与其注册商标相同或者近似的商标，容易导致混淆的；

（三）销售侵犯注册商标专用权的商品的；

（四）伪造、擅自制造他人注册商标标识或者销售伪造、擅自制造的注册商标标识的；

（五）未经商标注册人同意，更换其注册商标并将该更换商标的商品又投入市场的；

（六）故意为侵犯他人商标专用权行为提供便利条件，帮助他人实施侵犯商标专用权行为的；

（七）给他人的注册商标专用权造成其他损害的。"

那么，发生商标权纠纷可以通过哪些途径解决，以及会承担什么样的责任呢？根据《商标法》规定，可以通过协商或诉讼的方式解决争议，以及根据侵犯权益的不同分别承担相关的行政责任、民事责任及刑事责任，具体规定如下所述。

《商标法》第六十条规定："有本法第五十七条所列侵犯注册商标专用权行为之一，引起纠纷的，由当事人协商解决；不愿协商或者协商不成的，商标注册人或者利害关系人可以向人民法院起诉，也可以请求工商行政管理部门处理。

工商行政管理部门处理时，认定侵权行为成立的，责令立即停止侵权行为，没收、销毁侵权商品和主要用于制造侵权商品、伪造注册商标标识的工具，违法经营额五万元以上的，可以处违法经营额五倍以下的罚款，没有违法经营额或者违法经营额不足五万元的，可以处二十五万元以下的罚款。对五年内实施两次以上商标侵权行为或者有其他严重情节的，应当从重处罚。销售不知道是侵犯注册商标专用权的商品，能证明该商品是自己合法取得并说明提供者的，由工商行政管理部门责令停止销售。

…………"

第六十三条规定："侵犯商标专用权的赔偿数额，按照权利人因被侵权所受到的实际损失确定；实际损失难以确定的，可以按照侵权人因侵权所获得的利益确定……"

第六十七条规定："未经商标注册人许可，在同一种商品上使用与其注册商标相同的商标，构成犯罪的，除赔偿被侵权人的损失外，依法追究刑事责任。

伪造、擅自制造他人注册商标标识或者销售伪造、擅自制造的注册商标标识，构成犯罪的，除赔偿被侵权人的损失外，依法追究刑事责任。

销售明知是假冒注册商标的商品，构成犯罪的，除赔偿被侵权人的损失外，依法追究刑事责任。"

第6章

加强人事管理与劳动纠纷防范

人事管理是企业管理的一项重要内容,在整个企业管理工作中具有重要地位。加强人事管理可以提高企业人力资源的使用效率,增强企业的竞争力。企业的管理者需要重视人事管理,充分挖掘人力资源的潜力,促进企业效益最大化。但在人事管理过程中难免会遇到劳动纠纷,管理者也需要合理解决与防范。

6.1 合法进行员工招聘与录用

企业在进行员工招聘时需要有规范合理的程序,遵守《中华人民共和国劳动法》(以下简称《劳动法》)的相关规定,这样有利于避免劳动纠纷。

6.1.1 规范员工招聘录用流程

很多企业在招聘员工时没有按照规范的流程进行或者缺乏规范意识,导致人事管理工作混乱,发生劳动纠纷时不能有效理清责任。管理者虽然不一定亲自参与招聘,但是需要知道完整的招聘流程,才能知晓并减少其中的法律风险。

每家企业的招聘流程不一定完全相同,但一般包括图6-1所示的几个步骤,具体介绍如下所示:

(1)**明确招聘需求**

明确招聘需求是开展招聘工作的第一步,管理者需要熟悉企业业务,同时也要与各用人部门进行交流,明白需要招聘怎样的人员,再安排具体的事项给人力资源部门。

```
明确招聘需求 → 制订招聘计划 → 撰写岗位说明书
                                      ↓
安排初选人员面试 ← 进行初步筛选 ← 搜索合适的人选
    ↓
发放录用通知 → 办理入职手续 → 人员的入职与跟进
```

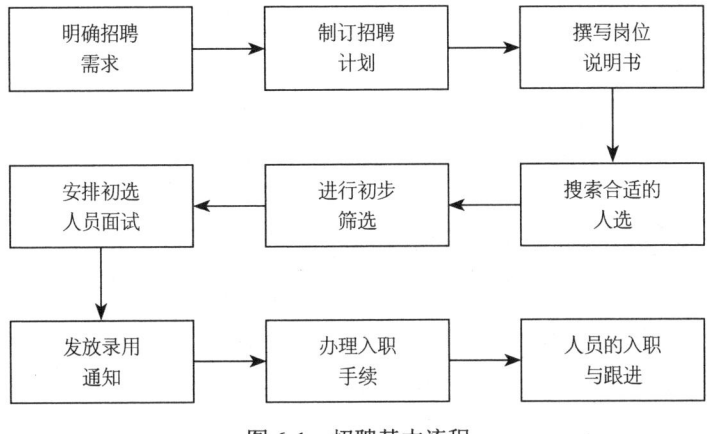

图 6-1　招聘基本流程

（2）制订招聘计划

详细的招聘计划有利于企业开展招聘活动，内容主要包括招聘职位、人员数量及资质等。

（3）撰写岗位说明书

清楚详细的岗位说明书是应聘人员了解企业岗位的第一扇"窗口"，企业管理部门需要撰写真实、严谨的岗位说明书。

（4）搜索合适的人选

企业可以结合岗位要求，通过多渠道搜寻尽量多的潜在人选备用，如大型人才交流会、网上招聘、内部推荐或者广告宣传等。

（5）进行初步筛选

在此阶段可以结合应聘人员的资料判断哪些是符合企业需要的人员，同时将不合适的人员淘汰。

（6）安排初选人员面试

一般面试会分为初试与复试，主要是由企业人力资源部门的人员与各用人部门联合进行面试。初试主要是再次确认应聘者的相关资料是否符合要求，以及其职业规划是否符合岗位要求；复试主要针对应聘者的专业能力进行测试。

（7）发放录用通知

虽然我国对于录用通知并没有明确的法律规定，但是作为一种要约，录用通知仍对雇佣双方当事人具有法律约束力。管理者需要知道，发放录用通知书后就需要严格遵守录用通知书上的内容开展后续工作，遵循合法、公平、公正的原则，否则将会承担相应的责任。

下面通过一个案例来看遵守录用通知书约定的重要性。

实例分析 **遵守录用通知书约定的重要性**

20××年10月，王某在某招聘网站看到了某科技有限公司招聘新媒体运营人员，便投了简历，不久该公司联系他去面试。经过两轮面试，最终该公司认为王某表现不错，通过邮件发放了录用通知书，上面载明了相关岗位、试用期及薪资等事项，并通知王某于一周后到公司报到。

但是一周后王某去公司报到时，该公司并未予以接待，也未录用王某。王某便携该公司向自己发放的录用通知书提请了劳动仲裁，后向法院提起诉讼，最终法院判定该公司赔偿其经济损失2.00万元。

由此可以看出，相关管理人员需要认真对待录用通知书，重视其具有的法律约束力。

（8）办理入职手续

在正式录取应聘者后即可签订劳动合同（劳动合同的签订事项见第6.1.2节内容），再由劳动者提供身份证件、学历、学位证书或其他资格证书等资料，以及与原单位解除或终止劳动合同的证明，即可正式入职。

（9）人员的入职与跟进

新员工入职手续办妥后，员工的招聘与录用流程还没有完全结束，在新员工完全适应其工作岗位前，管理者及HR还需关注其状态并及时提供入职指导等。

6.1.2 依法签订劳动合同

劳动合同是确认劳动者与用人单位的劳动关系、明确双方权利与义务的协议。依法签订劳动合同是企业应遵守的法律原则，规范地签订劳动合同有助于减少劳动纠纷。

以劳动合同期限为划分标准，可以将劳动合同分为以下三种类型。

（1）固定期限劳动合同

固定期限劳动合同是指用人单位与劳动者约定了合同终止时间的一种劳动合同，也是当代大多数企业的选择。

（2）无固定期限劳动合同

无固定期限劳动合同是指用人单位与劳动者约定无确定终止时间的劳动合同。根据《中华人民共和国劳动合同法》（以下简称《劳动合同法》）第十四条的规定："……用人单位与劳动者协商一致，可以订立无固定期限劳动合同。有下列情形之一，劳动者提出或者同意续订、订立劳动合同的，除劳动者提出订立固定期限劳动合同外，应当订立无固定期限劳动合同：

（一）劳动者在该用人单位连续工作满十年的；

（二）用人单位初次实行劳动合同制度或者国有企业改制重新订立劳动合同时，劳动者在该用人单位连续工作满十年且距法定退休年龄不足十年的；

（三）连续订立二次固定期限劳动合同，且劳动者没有本法第三十九条和第四十条第一项、第二项规定的情形，续订劳动合同的。

用人单位自用工之日起满一年不与劳动者订立书面劳动合同的，视为用人单位与劳动者已订立无固定期限劳动合同。"

（3）以完成一定工作任务为期限的劳动合同

以完成一定工作任务为期限的劳动合同是指用人单位与劳动者约定以某项工作的完成为合同期限的劳动合同。用人单位可以与劳动者协商一致后订立，一般用于以下情形：

①以完成单项工作任务为期限的劳动合同；

②以项目承包方式完成承包任务的劳动合同；

③因季节原因临时用工的劳动合同；

④其他双方约定的以完成一定工作任务为期限的劳动合同。

为了保护劳动者的合法权益，我国《劳动合同法》明确规定了劳动合同的书面形式，用人单位需要及时与劳动者订立书面劳动合同，否则会承担相关的责任，具体见表6-1。

表 6-1 劳动合同形式与相关责任

项　目	法律规定
合同形式	根据我国《劳动合同法》的相关规定，对劳动合同的书面形式有严格要求，如下所述： 第十条规定，建立劳动关系，应当订立书面劳动合同。 已建立劳动关系，未同时订立书面劳动合同的，应当自用工之日起一个月内订立书面劳动合同。用人单位与劳动者在用工前订立劳动合同的，劳动关系自用工之日起建立。 第十六条规定，劳动合同由用人单位与劳动者协商一致，并经用人单位与劳动者在劳动合同文本上签字或者盖章生效。劳动合同文本由用人单位和劳动者各执一份
承担责任	根据《劳动合同法》第八十二条的规定，用人单位自用工之日起超过一个月不满一年未与劳动者订立书面劳动合同的，应当向劳动者每月支付二倍的工资。用人单位违反本法规定不与劳动者订立无固定期限劳动合同的，自应当订立无固定期限劳动合同之日起向劳动者每月支付二倍的工资

同时，根据《劳动合同法》第十七条规定，"劳动合同应当具备以下条款：

（一）用人单位的名称、住所和法定代表人或者主要负责人；

（二）劳动者的姓名、住址和居民身份证或者其他有效身份证件号码；

（三）劳动合同期限；

（四）工作内容和工作地点；

（五）工作时间和休息休假；

（六）劳动报酬；

（七）社会保险；

（八）劳动保护、劳动条件和职业危害防护；

（九）法律、法规规定应当纳入劳动合同的其他事项。

劳动合同除前款规定的必备条款外，用人单位与劳动者可以约定试用期、培训、保守秘密、补充保险和福利待遇等其他事项。"

6.1.3　劳动合同签订需关注事项

除了要依法与劳动者签订劳动合同之外，在签订劳动合同时企业需要特别关注劳动报酬、劳动合同期限以及其他事项等，具体如下所述：

（1）劳动报酬

根据《劳动合同法》第十八条与第二十条，其相关规定如下：

第十八条规定:"劳动合同对劳动报酬和劳动条件等标准约定不明确,引发争议的,用人单位与劳动者可以重新协商;协商不成的,适用集体合同规定;没有集体合同或者集体合同未规定劳动报酬的,实行同工同酬;没有集体合同或者集体合同未规定劳动条件等标准的,适用国家有关规定。"

第二十条规定:"劳动者在试用期的工资不得低于本单位相同岗位最低档工资或者劳动合同约定工资的百分之八十,并不得低于用人单位所在地的最低工资标准。"

(2) 劳动期限

根据《劳动合同法》第十九条规定:"劳动合同期限三个月以上不满一年的,试用期不得超过一个月;劳动合同期限一年以上不满三年的,试用期不得超过二个月;三年以上固定期限和无固定期限的劳动合同,试用期不得超过六个月。

同一用人单位与同一劳动者只能约定一次试用期。

以完成一定工作任务为期限的劳动合同或者劳动合同期限不满三个月的,不得约定试用期。

试用期包含在劳动合同期限内。劳动合同仅约定试用期的,试用期不成立,该期限为劳动合同期限。"

(3) 商业秘密

根据《劳动合同法》第二十三条规定:"用人单位与劳动者可以在劳动合同中约定保守用人单位的商业秘密和与知识产权相关的保密事项。

对负有保密义务的劳动者,用人单位可以在劳动合同或者保密协议中与劳动者约定竞业限制条款,并约定在解除或者终止劳动合同后,在竞业限制期限内按月给予劳动者经济补偿。劳动者违反竞业限制约定的,应当按照约定向用人单位支付违约金。"

(4) 竞业限制

根据《劳动合同法》第二十四条规定:"竞业限制的人员限于用人单位的高级管理人员、高级技术人员和其他负有保密义务的人员。竞业限制的范围、地域、期限由用人单位与劳动者约定,竞业限制的约定不得违反法律、法规的规定。

在解除或者终止劳动合同后,前款规定的人员到与本单位生产或者经营同类产品、从事同类业务的有竞争关系的其他用人单位,或者自己开业生产或者经营同类产品、从事同类业务的竞业限制期限,不得超过二年。"

6.1.4 清楚劳动合同的效力

劳动合同签订之后就对双方都具有法律约束力。根据《劳动合同法》第三条规定:"订立劳动合同,应当遵循合法、公平、平等自愿、协商一致、诚实信用的原则。依法订立的劳动合同具有约束力,用人单位与劳动者应当履行劳动合同约定的义务。"

一般来说,双方在劳动合同上签字或者盖章即代表劳动合同成立并生效。但是也存在着劳动合同无效或部分无效的情况,管理者也需要了解其中涉及的法律风险。

对于劳动合同中无效或部分无效情况的处理,《劳动合同法》中也有相关规定,见表6-2。

表6-2 劳动合同无效或部分无效情况的处理

内 容	具体阐述
劳动合同无效的认定主体	《劳动合同法》第二十六条规定,下列劳动合同无效或者部分无效: (一)以欺诈、胁迫的手段或者乘人之危,使对方在违背真实意思的情况下订立或者变更劳动合同的; (二)用人单位免除自己的法定责任、排除劳动者权利的; (三)违反法律、行政法规强制性规定的。 对劳动合同的无效或者部分无效有争议的,由劳动争议仲裁机构或者人民法院确认
劳动合同的部分无效	《劳动合同法》第二十七条规定,劳动合同部分无效,不影响其他部分效力的,其他部分仍然有效
无效劳动合同的报酬支付	《劳动合同法》第二十八条规定,劳动合同被确认无效,劳动者已付出劳动的,用人单位应当向劳动者支付劳动报酬。劳动报酬的数额,参照本单位相同或者相近岗位劳动者的劳动报酬确定
无效劳动合同的责任赔偿	《劳动合同法》第八十六条规定,劳动合同依照本法第二十六条规定被确认无效,给对方造成损害的,有过错的一方应当承担赔偿责任

6.1.5 了解劳动合同的解除与终止

很多管理者对劳动合同解除的规定不了解，在此环节往往容易产生劳动纠纷，为避免这种情况，管理者需要深入学习。相关解除情况主要包括当事人双方协商一致解除、劳动者单方解除、用人单位单方解除三种。

（1）当事人双方协商一致解除

当事人双方协商一致解除劳动合同也叫约定解除，根据《劳动合同法》第三十六条规定："用人单位与劳动者协商一致，可以解除劳动合同。"但是需要满足以下四个条件：

①协商解除的劳动合同是双方当事人合法订立且已生效的；
②协商解除是在被解除的劳动合同依法订立生效之后，全部履行之前；
③当事人双方协商解除要在自愿、平等的基础上达成一致；
④双方均有权提出解除劳动合同。

若是由用人单位先提出解除并与劳动者协商一致，用人单位需要向劳动者支付经济补偿金。

（2）劳动者单方解除

劳动者在符合法律规定的情形下，可以单方面提出解除劳动合同，主要包括表6-3中所列的三种情况。

表 6-3 劳动者单方解除劳动合同的情形

解除情形	相关规定
提前三日或三十日通知	根据《劳动合同法》第三十七条规定，劳动者提前三十日以书面形式通知用人单位，可以解除劳动合同。劳动者在试用期内提前三日通知用人单位，可以解除劳动合同
随时解除劳动合同	根据《劳动合同法》第三十八条规定，用人单位有下列情形之一的，劳动者可以解除劳动合同： （一）未按照劳动合同约定提供劳动保护或者劳动条件的； （二）未及时足额支付劳动报酬的； （三）未依法为劳动者缴纳社会保险费的； （四）用人单位的规章制度违反法律、法规的规定，损害劳动者权益的； （五）因本法第二十六条第一款规定的情形致使劳动合同无效的； （六）法律、行政法规规定劳动者可以解除劳动合同的其他情形

续上表

解除情形	相关规定
立即解除劳动合同	根据《劳动合同法》第三十八条第二款规定，用人单位以暴力、威胁或者非法限制人身自由的手段强迫劳动者劳动的，或者用人单位违章指挥、强令冒险作业危及劳动者人身安全的，劳动者可以立即解除劳动合同，不需事先告知用人单位

（3）用人单位单方解除

不仅劳动者有权提出解除合同，根据《劳动合同法》的相关规定，发生表6-4中所列事项时，用人单位也可以提出解除劳动合同。

表6-4 用人单位单方解除劳动合同的情形

情　形	解除劳动合同的规定
劳动者有过错	劳动者有下列情形之一的，用人单位可以解除劳动合同： （一）在试用期间被证明不符合录用条件的； （二）严重违反用人单位的规章制度的； （三）严重失职，营私舞弊，给用人单位造成重大损害的； （四）劳动者同时与其他用人单位建立劳动关系，对完成本单位的工作任务造成严重影响，或者经用人单位提出，拒不改正的； （五）因本法第二十六条第一款第一项规定的情形致使劳动合同无效的； （六）被依法追究刑事责任的
劳动者无过错	有下列情形之一的，用人单位提前三十日以书面形式通知劳动者本人或者额外支付劳动者一个月工资后，可以解除劳动合同： （一）劳动者患病或者非因工负伤，在规定的医疗期满后不能从事原工作，也不能从事由用人单位另行安排的工作的； （二）劳动者不能胜任工作，经过培训或者调整工作岗位，仍不能胜任工作的； （三）劳动合同订立时所依据的客观情况发生重大变化，致使劳动合同无法履行，经用人单位与劳动者协商，未能就变更劳动合同内容达成协议的

劳动合同的解除可能是由双方协商一致或单方提出的解除，而劳动合同的终止则是由客观情况决定的。根据《劳动合同法》第四十四条的规定："有下列情形之一的，劳动合同终止：

（一）劳动合同期满的；

（二）劳动者开始依法享受基本养老保险待遇的；

（三）劳动者死亡，或者被人民法院宣告死亡或者宣告失踪的；

（四）用人单位被依法宣告破产的；
（五）用人单位被吊销营业执照、责令关闭、撤销或者用人单位决定提前解散的；
（六）法律、行政法规规定的其他情形。"

6.2 科学合理的薪酬管理

薪酬管理是企业人事管理的重要组成部分，管理者需要协助企业建立合理的薪酬管理体系，让薪酬管理发挥应有的作用。

6.2.1 薪酬管理目标

薪酬管理是在企业发展战略的指导下，对员工薪酬支付、薪酬策略、薪酬水平、薪酬结构、薪酬分配和调整等事项进行管理的一个动态过程。

企业的薪酬管理首先需要确定合理的薪酬管理目标，促使薪酬激励发挥作用。薪酬管理目标一般包括以下三项：

（1）合法目标

合法是企业薪酬管理最基本的目标，企业除了结合自身情况外，更需要遵守相关政策、条例要求进行薪酬管理，如最低工资制度、法定保险福利等。

（2）公平目标

薪酬公平目标主要包括以下三方面：

①分配公平。企业在实行人事管理、实施奖励措施的时候，要做到公平公正。

②过程公平。企业在进行奖惩决策时，过程要透明，所依据的方法、程序、标准要明确公开。

③机会公平。企业在进行薪酬管理时要给予每个员工同样的机会，要考虑员工的意见。

（3）效率目标

效率目标主要包括两方面，从产出来讲，薪酬管理要能实现企业绩效最大化；从投入来讲，企业薪酬管理也需要控制成本，因为薪酬管理目标的本质是要给企业带来价值。

6.2.2 薪酬的模式

员工薪酬是企业为了获得职工提供的服务而给予的各种形式的报酬，不同企业采取的薪酬模式也不同，主要包括以下三种模式：

（1）以职位为基础的薪酬模式

以职位为基础就是以岗位的职责、劳动强度和劳动条件等为测评因素，以岗位来定薪。这种职务薪酬模式能够反映不同职务等级的岗位薪资差异，但是无法划分同一职务上级别不同的岗位员工所作的贡献。

（2）以能力为基础的薪酬模式

以能力为基础是指根据员工的能力大小来确定薪酬水平，随着员工能力的提高，其薪酬也越高。这种模式注重员工的价值，也有利于提高员工的积极性。

（3）以绩效为基础的薪酬模式

以绩效为基础就是以员工的工作绩效作为测评因素定薪，常见于销售岗位。绩效薪酬模式注重结果，降低了员工管理成本，也被广泛应用于现代企业。

不管是哪种薪酬模式，它们只是侧重点不同，最终目标都是尽可能准确地反映员工的绩效，尽量保证分配的公平性，促进企业整体效益的提升。基于这三种基本薪酬模式下的员工薪酬结构主要包括表 6-5 中所列的四项内容。

表 6-5 员工薪酬的内容

内容	具体阐述
短期薪酬	短期薪酬是企业在职工提供相关服务的年度报告期间结束后 12 个月内需要全部予以支付的职工薪酬，包括以下八项内容： ①职工工资、奖金、津贴和补贴； ②职工福利费； ③社会保险费，社会保险费主要包括医疗保险费、养老保险费、失业保险费、工伤保险费和生育保险费等； ④住房公积金； ⑤工会和职工教育经费，工会和职工教育经费是企业为了提高职工职业技能与文化素质，用于开展工会活动、职工教育及职业技能培训等相关的支出； ⑥非货币性福利，是指企业将自己生产的产品或外购的商品发放给职工作为福利，以及为职工无偿提供服务等； ⑦短期带薪缺勤，是职工虽然缺勤但企业仍向其支付报酬的安排，包括婚假、产假、年假等； ⑧短期利润分享计划，是指因职工提供的服务而与职工达成的基于利润或其他经营成果提供薪酬的协议

续上表

内　容	具体阐述
离职后福利	离职后福利是指企业为获得职工提供的服务而在职工退休或与企业解除劳动关系后提供的各种形式的报酬和福利，短期薪酬和辞退福利除外，包括退休福利，如养老金；其他离职后福利，如离职后医疗保障等
辞退福利	辞退福利是指企业在职工劳动合同到期之前由于自身原因要提前终止劳动合同，根据劳动合同应给员工的补偿，主要包括以下内容： ①在职工劳动合同尚未到期前，无论职工本人是否愿意，企业决定解除与职工的劳动关系而给予的补偿； ②在职工劳动合同尚未到期前，为鼓励职工自愿接受裁减而给予的补偿，职工有权利选择继续在职或接受补偿并离职
其他长期职工福利	其他长期职工福利是指除短期薪酬、离职后福利和辞退福利之外所有的职工薪酬，包括长期带薪缺勤、长期残疾福利和长期利润分享计划等

6.2.3　合理设计员工薪酬制度

薪酬制度是企业制度管理中的重要点，是员工与企业目标的连接点，科学合理的薪酬制度能够激励员工更好地工作。每个企业的薪酬制度内容不同，但是可以参考以下设计思路，如图 6-2 所示。

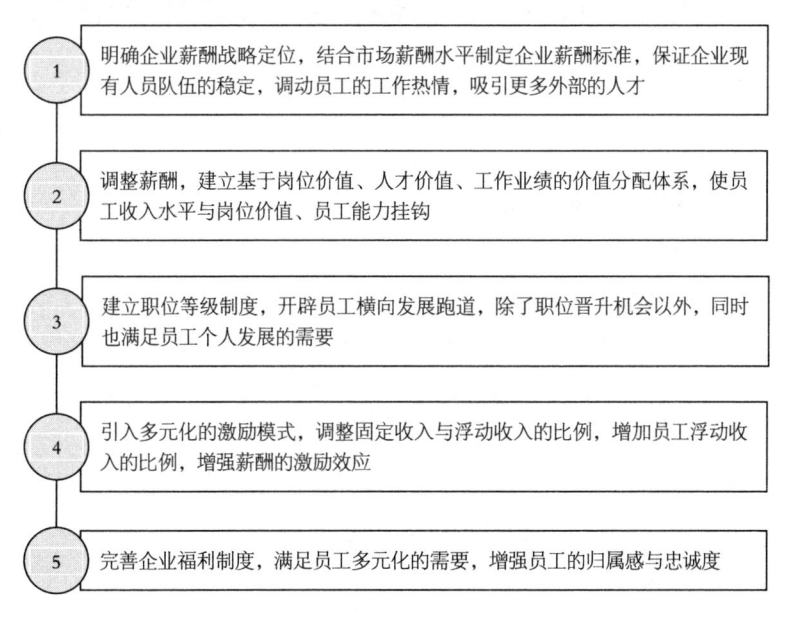

1. 明确企业薪酬战略定位，结合市场薪酬水平制定企业薪酬标准，保证企业现有人员队伍的稳定，调动员工的工作热情，吸引更多外部的人才

2. 调整薪酬，建立基于岗位价值、人才价值、工作业绩的价值分配体系，使员工收入水平与岗位价值、员工能力挂钩

3. 建立职位等级制度，开辟员工横向发展跑道，除了职位晋升机会以外，同时也满足员工个人发展的需要

4. 引入多元化的激励模式，调整固定收入与浮动收入的比例，增加员工浮动收入的比例，增强薪酬的激励效应

5. 完善企业福利制度，满足员工多元化的需要，增强员工的归属感与忠诚度

图 6-2　薪酬制度设计思路

以下为某公司员工薪酬制度范本，可供借鉴参考。

实例分析 某公司员工薪酬制度范本

××公司薪酬管理制度

一、目的

为建立合理公正的薪资制度，以调动员工的工作积极性，特制定本制度。

二、原则

1. 战略性原则：薪酬设计以公司战略为导向机制，与公司战略相配合。

2. 市场竞争原则：员工薪酬保持在同行业人力资源市场的平均水平。

3. 公平性原则：根据员工所承担的责任和对公司的贡献，以及员工的工作年限等因素，来确定每位员工的薪酬水平。

4. 适时调整原则：公司薪酬制度将定期由综合办公室或相关部门修订，员工的薪酬将依据新的市场环境、公司经营绩效进行适时的调整。公司将定期与市场上同行业或类似行业的福利水平作比较，以保持竞争力。

5. 遵守国家法律原则：公司各项薪酬制度的制定以不违反国家相关法律规定为基本原则。

6. 激励性原则：薪酬以增强工资的激励性为导向，通过绩效奖金等激励性工资单元的设计激发员工工作积极性。

7. 经济性原则：薪酬水平须与公司的经济效益和承受能力保持一致。

三、适用范围

××集团有限公司全部正式员工。

四、薪酬构成

1. 员工薪酬由四大部分构成。

（1）固定薪酬部分：包括工龄工资、岗位工资和资历工资。

（2）绩效薪酬部分：包括绩效奖金、销售提成及其他单项奖金。

（3）附加薪酬部分：包括加班工资和各类津贴。

（4）福利薪酬部分：养老保险、医疗保险及其他福利。

2. 不同类型人员根据实际情况进行不同薪酬组合。

五、薪资调整

公司每年将进行一次薪酬调查评估以明确及决定本公司在本地区行业及劳动

市场上相同（似）职位所能提供的薪酬所具有的竞争性。由此，公司总裁办将在总裁的批准下对"员工薪资标准"的调整进行考虑。公司在对薪酬体系作全面评估后，对其作可能的修正以适应公司内部及行业、劳动市场的要求。

（一）整体薪资调整

1. 工资调整系数的调整，主要根据职业劳动市场调查的实际数据和公司人力资源战略需求确定，以保证公司内不同岗位的薪资收入水平符合内部公平和外部竞争的要求。

2. 工资率的调整与公司的经济效益挂钩，随动性调整，公司根据与绩效挂钩及工资总额增长低于经济效益增长、职工平均工资增长低于劳动生产率增长的原则（两低于的原则）进行调整。

（二）个人薪资调整

1. 基于业绩、工作表现而引起的职位的变动而调薪。其中职位变动包括：晋级、晋等、晋职。

（1）晋级：同一职等内，每经过一次年度考核为B级（良好）及以上者，可以在本职等内向上晋升一个职级；当晋升到本职等最高职级以后，不再晋升职级，除非晋升到更高的职等。

（2）晋等：等级制员工的晋等以存在晋等空间为前提条件；等级制员工连续3年考核为良好或以上者，且薪资等级已处于所在职等的最高职级，可晋升一个职等。

（3）晋职：根据考核结果和公司人力资源需求状况，符合条件者可以晋职。具体由集团、下属公司及综合办公室根据实际情况拟定，呈报集团总裁核准后执行。

2. 基于能力调薪。公司认可的与工作相关的能力会带来调薪机会。这些专业技能应该是公司业务需要的，公司能够认可的。

3. 此外，发生一些其他的情况也会调薪。比如，公司对岗位重新评估，公司薪资结构调整、员工调派和临时工作任务等。

6.2.4 完善薪酬管理体系

薪酬管理体系是现代企业薪酬管理的重要组成部分，建立合理的薪酬管理体系，有利于合理配置与使用企业人力资源，激励与保护人才，也能吸引更多的外部人才，促进企业实现发展目标。

薪酬管理体系一般包括表 6-6 中所列的六项内容。

表 6-6　薪酬管理体系的内容

内　容	具体阐述
薪酬原则与策略制定	薪酬制定原则对人力资源管理各事项起着指导作用，它包括薪资差距的标准及差距的大小、工资的分配比例、奖金及福利的发放标准等
岗位设计与分析	岗位分析是确定薪酬制度的基础，科学的岗位设计可以节省劳动力，提高劳动效率，节约成本。企业岗位设计与分析需要结合经营目标进行，包括业务分析与人员分析，以规范职位体系，如制定组织结构系统图及各岗位的职责说明书等规范性文件
岗位评价	进行岗位评价可以评比出企业内部各个职务的相对重要性，排列出一定的顺序。同时也可以为薪酬调查建立统一的职位评估标准奠定基础，有利于保障企业内在的公平
市场薪酬调查	市场薪酬调查主要是解决薪酬外部公平性的问题，调查对象包括本地区、本行业相同或类似岗位的薪酬，调查数据要能反映该类岗位薪酬的增长状况、不同薪酬结构的对比，以及未来薪酬的走势，以此制定对应岗位的薪酬制度
确定薪酬水平	根据市场调查确定薪酬结构，将各种类型的岗位薪酬划分为不同的级别，形成职级等级体系，即可确定每一岗位的薪酬范围
薪酬的实施	薪酬管理体系建立后应严格遵照执行，使其发挥应有的功能

薪酬体系不是一成不变的，需要随着企业经营发展情况与市场薪酬水平的变化与时俱进、适时调整，可以参考以下四个方面：

①奖励性调整。为了鼓励员工作出优良绩效而进行一定的奖励，调整其薪酬范围。

②效益性调整。当企业经营良好、盈利增加时，可以结合自身情况对一定范围的员工实行加薪；当企业效益下滑时，也可以适当降低薪酬。

③工龄调整。随着员工工作经验的积累，其工作能力也会有所提高，可以将工龄与考核结果结合起来调整薪酬。

④其他调整。可以对某类贡献比较大的员工进行特殊调整，如实行年薪制。或者实行其他制度调整不可替代人员的薪酬。

6.3 劳动纠纷的管理与解决

企业在经营管理过程中难免会遇到劳动纠纷，管理者需要了解常见的劳动纠纷，以及如何防范和解决劳动纠纷。

6.3.1 劳动争议的范围

劳动争议是劳动关系的双方当事人之间因履行劳动合同而发生的纠纷。按照不同的划分标准，劳动争议可以分为以下几种。

（1）根据当事人人数划分

根据劳动争议当事人人数的不同可分为个人劳动争议和集体劳动争议。个人劳动争议是劳动者个人与用人单位发生的劳动争议；集体劳动争议是指劳动者一方当事人在三人以上，有共同理由的劳动争议。

（2）根据劳动争议的内容划分

根据《中华人民共和国劳动争议调解仲裁法》（以下简称《劳动争议调解仲裁法》）第二条规定，"中华人民共和国境内的用人单位与劳动者发生的下列劳动争议，适用本法：

（一）因确认劳动关系发生的争议；

（二）因订立、履行、变更、解除和终止劳动合同发生的争议；

（三）因除名、辞退和辞职、离职发生的争议；

（四）因工作时间、休息休假、社会保险、福利、培训以及劳动保护发生的争议；

（五）因劳动报酬、工伤医疗费、经济补偿或者赔偿金等发生的争议；

（六）法律、法规规定的其他劳动争议。"

（3）根据劳动争议的客体划分

根据劳动争议的客体划分，可以分为劳动合同履行争议、辞退争议、工资争议、福利争议等。

（4）根据当事人国籍划分

根据当事人国籍划分，可分为国内劳动争议与涉外劳动争议。

6.3.2 有效防范劳动纠纷

任何企业都不想发生劳动纠纷，不仅处理费时费力，也会影响企业的信誉，不利于企业树立良好形象。企业可以参考以下措施来防范。

（1）依法订立劳动合同

清楚详细的劳动合同可以明确双方的权利和义务，因此企业需要严格按照《劳动合同法》的规定与劳动者签订合同，明确其工作内容、工作时间、薪资、福利和辞退等事项。

《劳动合同法》第八条规定："用人单位招用劳动者时，应当如实告知劳动者工作内容、工作条件、工作地点、职业危害、安全生产状况、劳动报酬，以及劳动者要求了解的其他情况；用人单位有权了解劳动者与劳动合同直接相关的基本情况，劳动者应当如实说明。"

除此之外，企业在制定规范的合同文件时需要请专业人员给予指导，切实规范劳动合同的责任与义务，预防劳动纠纷。

（2）依法保障职工的合法权益

企业要严格按照劳动合同上约定的事项保障职工应有的权益，不仅要依法支付相应的报酬，还应认真落实法定的休假制度。《劳动法》对员工的报酬与休息休假权利作了表 6-7 中所列的一些规定。

表 6-7　员工报酬与休息休假的权利

员工权利	具体阐述
员工报酬	根据《劳动法》的相关规定，对员工的报酬有以下规定： 第四十四条规定，有下列情形之一的，用人单位应当按照下列标准支付高于劳动者正常工作时间工资的工资报酬： （一）安排劳动者延长工作时间的，支付不低于工资的百分之一百五十的工资报酬； （二）休息日安排劳动者工作又不能安排补休的，支付不低于工资的百分之二百的工资报酬； （三）法定休假日安排劳动者工作的，支付不低于工资的百分之三百的工资报酬。 第四十五条规定，国家实行带薪年休假制度。劳动者连续工作一年以上的，享受带薪年休假。具体办法由国务院规定。 第四十八条规定，国家实行最低工资保障制度。最低工资的具体标准由省、自治区、直辖市人民政府规定，报国务院备案。用人单位支付劳动者的工资不得低于当地最低工资标准。 第五十一条规定，劳动者在法定休假日和婚丧假期间以及依法参加社会活动期间，用人单位应当依法支付工资

续上表

员工权利	具体阐述
员工休息休假的权利	根据《劳动法》的相关规定，员工享有以下休息休假的权利： 第三十八条规定，用人单位应当保证劳动者每周至少休息一日。 第四十条规定，用人单位在下列节日期间应当依法安排劳动者休假： （一）元旦； （二）春节； （三）国际劳动节； （四）国庆节； （五）法律、法规规定的其他休假节日

除此之外，根据《中华人民共和国社会保险法》（以下简称《社会保险法》）第五十八条部分规定与《劳动法》第七十二条、七十三条规定，企业应按规定为员工缴纳相应的社会保险，如下所述：

第五十八条规定："用人单位应当自用工之日起三十日内为其职工向社会保险经办机构申请办理社会保险登记。未办理社会保险登记的，由社会保险经办机构核定其应当缴纳的社会保险费。

............"

第七十二条规定："社会保险基金按照保险类型确定资金来源，逐步实行社会统筹。用人单位和劳动者必须依法参加社会保险，缴纳社会保险费。"

第七十三条规定："劳动者在下列情形下，依法享受社会保险待遇：

（一）退休；

（二）患病、负伤；

（三）因工伤残或者患职业病；

（四）失业；

（五）生育。

劳动者死亡后，其遗属依法享受遗属津贴。劳动者享受社会保险待遇的条件和标准由法律、法规规定。劳动者享受的社会保险金必须按时足额支付。"

下面通过一个案例来说明依法保障员工合法权益的重要性。

实例分析 依法为员工缴纳社保的重要性

李某在20×1年10月入职某企业从事销售一职，双方签订了劳动合同，但是该企业一直未按规定为李某缴纳社保。于是李某在20×2年9月以该公司未缴纳劳动保险为由解除劳动合同。20×2年10月李某申请劳动仲裁，要求该企业向其支付经济补偿与无法享受失业保险待遇的损失赔偿。

该企业主张，劳动者非因本人意愿中断就业的，才可以领取失业保险待遇。而李某属于主动辞职，不属于享受失业保险待遇的范围，不需要向其支付损失赔偿。看似有理有据，但是最终仲裁委员会裁决该企业向李某支付相应的经济补偿。

根据《劳动合同法》第三十八条规定可知（具体内容详见6.1.5节），用人单位未依法为劳动者缴纳社会保险费的，劳动者可以解除劳动合同。劳动者因用人单位未缴纳社保费解除劳动合同的，可以要求用人单位补偿其未能享受失业保险待遇而遭受的损失。

（3）健全企业规章制度

根据《劳动法》第四条规定："用人单位应当依法建立和完善规章制度，保障劳动者享有劳动权利和履行劳动义务。"企业为了保证可持续发展，需要制定相应的制度，及时与职工沟通涉及职工利益的事项；处理员工相关违规行为时也需要合规、合理，避免激化矛盾。

（4）构建防范劳动争议的机制

企业应该建立一套有效防范劳动纠纷的机制，以便在争议发生时从容应对，有效维护双方的权益。企业可以在内部设立调解机构，尽量通过协商调解的办法防范劳动纠纷扩大。

6.3.3 解决劳动纠纷的途径

企业与劳动者发生劳动纠纷时，主要可以通过协商、调解、仲裁和诉讼四种途径来解决，见表6-8。

表6-8 解决劳动纠纷的途径

途径	具体阐述
协商解决	发生劳动争议，劳动者可以与用人单位协商，也可以请工会或者第三方共同与用人单位协商，达成和解协议。 发生劳动纠纷时，多数情况下企业会选择协商，通过双方自愿达成协议来解决纠纷。协商虽然不是必经的程序，但是对于双方当事人来说都省时，也有利于化解矛盾、巩固已形成的劳动关系

续上表

途 径	具体阐述
申请调解	调解是指劳动纠纷的一方当事人就已经发生的劳动纠纷向劳动争议调解委员会申请调解的程序。发生劳动争议，当事人不愿协商、协商不成或者达成和解协议后不履行的，可以向调解组织申请调解。申请调解主要具有以下两点好处： ①节省时间。调解最大的优势在于节省时间，与其他方式相比更加灵活、便捷。 ②减小履行风险。调解需要经过双方的协商才能达成，因此可以有效避免任何一方不履行责任的情况发生
进行仲裁	仲裁是劳动纠纷的一方当事人将纠纷提交至劳动争议仲裁委员会进行处理的过程。仲裁具有灵活、快捷的特点，又具有强制执行力，是解决劳动纠纷的重要手段。 发生劳动争议，当事人不愿调解、调解不成或者达成调解协议后不履行的，可以向劳动争议仲裁委员会申请仲裁
提起诉讼	劳动争议当事人对仲裁裁决不服的，可以自收到仲裁裁决书之日起十五日内向人民法院提起诉讼。一方当事人在法定期限内不起诉又不履行仲裁裁决的，另一方当事人可以依照民事诉讼法的有关规定向人民法院申请执行。诉讼具有较强的法律性与程序性，同时也具有强制执行力

第7章 防控企业财务与法律风险

企业经营并不一定一帆风顺,有时会产生许多风险,其中最主要的就是财务风险与法律风险。财务风险容易导致企业经营中断,法律风险又会涉及许多法律责任,企业在日常经营中需要多加防范。

7.1 树立财务与法律风险意识

一个优秀的管理者不仅要有经营管理的实干技能,还要具有忧患意识,尤其要树立财务与法律风险意识,这样才能帮助企业更长久地经营下去。

7.1.1 管理者为什么要有财务与法律风险防范意识

风险防范意识是每个管理者都应具备的,而财务与法律风险意识又尤其重要。管理者树立财务风险意识有利于加强企业的财务管理,具体有哪些方面的好处呢?见表7-1。

表 7-1 树立财务风险防范意识的好处

好 处	具体阐述
更好地实现企业战略目标	企业实现战略目标离不开对未来风险的预测,树立财务风险防范意识可以使企业将战略实施与风险管理相结合,帮助企业低风险实现战略目标
提高企业财务管理水平	企业在进行财务活动时都需要遵守相关的法律法规,违反相关规定必然会承担一定的法律责任,树立财务风险防范意识有利于加强法律意识,提高财务管理水平

续上表

好处	具体阐述
增强企业竞争力	同一行业的企业基本都面临着相同的外部风险，企业若具有财务风险防范意识，就会对宏观经济环境、政策变化等有更深入的分析，从而提高风险承受能力和获益能力，获得竞争优势
降低企业财务成本	企业财务活动的方方面面都涉及资金的使用，树立财务风险防范意识有利于企业建立和完善财务管理制度，提前进行风险防范，减少损失，降低财务成本

对于企业来说，法律风险存在于每一个环节，从成立、经营到破产清算等都会涉及法律风险，虽然不能完全避免，但是树立法律风险防范意识可以有效降低。管理者树立法律风险防范意识主要有以下好处：

（1）有利于建立企业风险防范机制

管理者首先树立法律风险意识可以带动企业自上而下的法律风险意识的形成，从而促进企业风险防范机制的建立。

（2）有利于规范企业各项规章制度

增强法律风险防范意识有利于促进企业守法经营，建立和完善企业的各项规章制度并严格执行，保障企业的重要事项都有章可循。

（3）有利于加强企业内部监督

内部监督事关企业的发展，树立法律风险防范意识能够加强企业内部监督，做到事前预防、事中控制与事后监督，将企业内部监督落到实处。

（4）有利于维护企业合法权益

管理者具有法律风险防范意识有利于提高企业的抗风险能力，增强维权意识，积极采用法律手段保护自己的合法权益。

7.1.2 引发财务风险的因素及其防范措施

财务风险是指企业在实行各项财务活动时受难以预料和控制的因素影响导致财务状况不稳定，给企业经营带来的风险。企业财务风险主要受外部与内部因素的影响。

（1）外部因素

引发企业财务风险的外部因素主要包括宏观经济环境和政策的变化，以及行业背景的影响。

◆ 宏观经济环境和政策变化

大环境是影响企业生存发展的重要因素,企业的经济效益会随着经济周期运行、经济政策、物价水平等宏观经济因素的变化而变化,多数都与宏观经济水平呈线性发展。

此外,经济政策的调整也会导致企业的财务状况产生不确定性,如利率水平、税收政策等的调整都会使企业资本产生变动,由此发生财务风险。

◆ 行业背景

不同行业的企业面临的财务风险不一样,行业本身在国民经济中所处的地位,以及不同的发展阶段,都可能使企业产生不同的财务风险。

（2）内部因素

虽然外部因素的不确定会给企业带来财务风险,但是内部因素的影响才是根本。引发企业财务风险的内部因素主要有表 7-2 中的几项。

表 7-2　引发企业财务风险的内部因素

内部因素	具体阐述
资本结构	不合理的资本结构会导致企业产生财务风险,若企业借入债务规模过大,会影响偿债能力,但是不举债又容易影响企业的盈利能力
投资决策	投资决策对企业的发展至关重要,合理的投资决策可以增加盈利,降低财务风险;错误的投资决策会使企业损失资金,扩大财务风险
财务管理制度	企业的财务管理制度是对财务管理内容的详细化与规范化,应尽量涵盖企业财务活动的各方面。财务管理制度不完善容易造成财务漏洞,给企业带来财务风险
财务人员风险意识	若部分财务人员财务风险意识淡薄,忽视了财务风险的客观性,就可能导致企业在产生财务风险时无应对措施,损失更大
收益分配政策	股利分配政策会影响企业的声誉,影响投资者对企业的判断,进而影响企业的融资和财务结构,导致财务风险

虽然企业财务风险具有客观性,无法消除,但是可以通过以下几项措施进行合理防范。

◆ **建立合理的资本结构**

企业应根据实际经营情况审时度势,把握融资的时机,确定合适的举债规模,也要权衡成本与收益。同时要不断提高自身资本积累的能力,减少偿债压力。

◆ **科学进行投资决策**

在进行投资时,既要对投资项目的未来收益进行评估,更要确保投资决策的合理性,制定多样化的投资方案,并利用投资指标对投资方案进行评价,分析其中的风险因素。

◆ **提高财务风险防范意识**

财务风险贯穿企业财务活动的每个环节,提高财务人员的风险防范意识,以及对风险的判断与应对能力,才能及时发现潜在风险。

◆ **加强流动资金管理**

企业应加强对流动资金的管理,提高资金周转速度,保持资金的流动性,增强偿债能力。

7.1.3 引发企业法律风险的因素及其防范措施

企业法律风险就是在法律法规约束下形成的由企业承担的潜在损失或其他损害的风险。企业法律风险产生的原因主要包括宏观法律环境与企业自身因素两方面,如下所述:

(1)宏观法律环境因素

宏观法律环境因素主要包括相关立法不完备、执法不公正等。

(2)企业自身因素

企业自身因素是产生法律风险的主要原因,大致包括以下三方面:

①企业法律风险防范意识不强,主要表现为在处理一些重大事项,如投资决策时缺少相关法律专业人员的参与。

②部分企业法制建设基础工作薄弱,没有充分意识到加强企业法制建设对防范企业法律风险的重要性。

③部分企业因依法经营意识不强或法律意识淡薄而进行违法经营,为了企

业利益不顾法律的要求。

企业法律风险贯穿企业设立经营全过程，主要表现在表 7-3 中所列的五方面。

表 7-3　企业法律风险的表现

表　现	具体阐述
企业设立、运营风险	企业发起人是否具有相关的法律资格，以及是否履行了设立企业的义务，关系到企业的设立过程是否合规。企业若在设立初期没有保证合法性，很容易为以后的经营运作埋下隐患，产生法律风险
合同订立、履行风险	合同在企业经营中有广泛应用，但很多企业在签订合同时只考虑合同利益而忽视了合同风险。签订合同只是一个开端，合同的履行也是重要的环节，企业对于合同履行过程中的相关文件都需要认真整理与保存，以免后患
知识产权风险	部分企业的知识产权保护意识不强，不仅自己的成果容易被别人侵犯，同时也可能不小心侵犯别人的知识产权，无论是哪种情况都会面临法律风险
人力资源管理风险	人力资源管理风险主要由企业与劳动者之间的纠纷产生，任何不遵守法律的行为都可能给企业带来劳动纠纷
企业税收风险	企业需要学会区分税务筹划与偷税漏税，若处理不当，不仅会产生不必要的经济损失，也要承担相应的法律责任

法律风险一旦产生，会给企业带来严重的后果，企业需要强化法律风险防范意识，进行事前防控，建立健全法律风险防范机制，加强对合同、知识产权、劳动纠纷等容易产生法律风险的事项的管理。

7.2　企业经营常见财务问题及其防范措施

企业在进行各项财务活动时会面临各种不确定的因素，由此产生财务风险，加之部分管理人员财务意识淡薄，容易陷入财务误区，引发财务问题。管理者需要监督财务人员防范财务风险。

7.2.1 分不清会计与出纳的岗位职责

一些企业的部分管理者认为会计和出纳都是"管钱"的，模糊了会计与出纳的岗位职责，甚至安排同一人担任会计与出纳岗。

但《中华人民共和国会计法》（以下简称《会计法》）第三十五条及四十条部分条款对会计人员的任用有以下规定。

第三十五条规定："会计机构内部应当建立稽核制度。

出纳人员不得兼任稽核、会计档案保管和收入、支出、费用、债权债务账目的登记工作。"

第四十条规定："违反本法规定，有下列行为之一的，由县级以上人民政府财政部门责令限期改正，给予警告、通报批评，对单位可以并处二十万元以下的罚款，对其直接负责的主管人员和其他直接责任人员可以处五万元以下的罚款；情节严重的，对单位可以并处二十万元以上一百万元以下的罚款，对其直接负责的主管人员和其他直接责任人员可以处五万元以上五十万元以下的罚款；属于公职人员的，还应当依法给予处分：

…………

（十）任用会计人员不符合本法规定的。

有前款所列行为之一，构成犯罪的，依法追究刑事责任。"

下面通过一个案例来讲述兼任会计与出纳岗位的后果。

实例分析 某学校教师同时兼任会计与出纳的责任

2015年8月至2021年8月，某中心小学教师乐某利用兼任学校会计和出纳的职务便利，通过违规操作代发工资、收入不入账等方式，贪污公款上百万元。

2022年11月，乐某被开除，相关违法所得被追缴。2023年1月，乐某因贪污罪被判处有期徒刑五年，并处罚金30.00万元。

但是在长达6年的时间里就没有人发现吗？当然不是，经调查，在校领导的默许下，乐某一人兼任学校的会计与出纳，明知其行为却放任不管，最后七名相关干部因监管不力被问责。

所以，管理者需要明确区分会计与出纳的岗位职责，树立岗位不相容意识，更不可知法犯法。

7.2.2　财务人员挪用公款会承担什么责任

在企业经营活动中，财务部门处于企业管理的中心环节，财务人员掌握着企业重要的财务信息与数据，具有重要作用，主要表现在以下几个方面。

（1）为企业决策提供有用信息

企业财务人员可以通过一系列会计程序将企业经营过程中每个环节的信息转化为财务数据，向企业提供有关财务情况、经营成果与现金流量方面的信息，有助于企业经营者进行决策，规范企业行为。

（2）有助于加强企业经营管理

企业财务人员掌握着企业的财务状况信息，可以对其进行分析总结，有助于加强企业经营管理，提高企业经济效益，促进可持续发展。

（3）有助于考核管理层经济责任的履行情况

财务人员通过核算与监督企业经济活动，可以为各利益相关者，如投资者、债权人等提供企业的财务状况与盈利能力等经济信息，以此来考核管理层经济责任的履行情况。

但财务人员在进行财务活动时很容易接触到企业的经营资金，给挪用公款的行为带来了便捷。资金是企业的核心命脉，一旦挪用会给企业带来严重损失。

那么什么是挪用公款呢？挪用公款会构成什么样的罪呢？根据《刑法》第三百八十四条，对"挪用公款罪"有以下规定。

第三百八十四条规定："国家工作人员利用职务上的便利，挪用公款归个人使用，进行非法活动的，或者挪用公款数额较大、进行营利活动的，或者挪用公款数额较大、超过三个月未还的，是挪用公款罪，处五年以下有期徒刑或者拘役；情节严重的，处五年以上有期徒刑。挪用公款数额巨大不退还的，处十年以上有期徒刑或者无期徒刑。

挪用用于救灾、抢险、防汛、优抚、扶贫、移民、救济款物归个人使用的，从重处罚。"

又根据《最高人民法院　最高人民检察院关于办理贪污贿赂刑事案件适用法律若干问题的解释》第五条，对"数额较大"和"情节严重"有以下规定。

第五条规定："挪用公款归个人使用，进行非法活动，数额在三万元以上的，应当依照刑法第三百八十四条的规定以挪用公款罪追究刑事责任；数额在三百万元以上的，应当认定为刑法第三百八十四条第一款规定的'数额巨大'。具有下列情形之一的，应当认定为刑法第三百八十四条第一款规定的'情节严重'：

（一）挪用公款数额在一百万元以上的；

（二）挪用救灾、抢险、防汛、优抚、扶贫、移民、救济特定款物，数额在五十万元以上不满一百万元的；

（三）挪用公款不退还，数额在五十万元以上不满一百万元的；

（四）其他严重的情节。"

财务领域是很容易发生贪污腐败的领域，企业需要高度重视。下面通过一个案例来了解财务人员挪用公款罪的责任承担。

实例分析 某乡镇财务人员挪用公款的责任

2011年9月至2022年10月，向某担任××县××乡财政所所长兼出纳，对××乡的财政资金进行依法管理。2020年12月初，谭某找到××乡分管财务的乡党委委员毕某以及向某，请求借用××乡财政所的公款来完成银行对私存款的任务，并承诺2021年初归还，二人表示了同意。

2020年12月10日，向某以津贴补贴和危房改造的虚假资金用途出具现金支票，从××乡财政账户提取资金300.00万元交给谭某，随后谭某将300.00万元存入个人××银行账户。并在12月23日至29日用其中的290.00万元买了某银行的理财产品，获利1 501.04元。

2021年1月30日，谭某通过个人银行账户向××乡财政所归还50.00万元，剩余250.00万元公款则一直由他自己保管、使用，主要用于归还债务、家庭支出等。

后谭某不能按约定的时间归还所欠的250.00万元公款，于是和向某共谋，制作虚假银行余额对账单掩盖挪用公款的事实。在2021年8月19日和10月15日，谭某分别转账给××乡财政所50.00万元和200.00万元归还了××乡财政所资金。

2021年12月，谭某又以同样的借口向向某请求挪用××乡财政所公款450.00万元，承诺于2022年初归还，毕某与向某均同意了，将××乡财政所公款450.00万元转到谭某的私人账户。但谭某也依旧未用于完成对公存款的任务，而是用于个人债务、工程项目资金周转等，且并未按期归还，又与向某合谋制作虚假银行余额对账单掩盖挪用公款的事实。然后在2022年8月12日、8月17日、8月19日，谭某分别转账给××乡财政所200.00万元、240.00万元和50.00万元，归还了××乡财政所资金。

2023年上半年，××县审计局对××乡进行财政财务收支审计时，向某主动向××乡负责人报告了上述情况。经过××县人民法院审理，其决定如下：

①向某身为国家工作人员，利用职务之便，违反××乡人民政府关于财物管理制度的规定，超出职权范围挪用公款750.00万元给被告人谭某使用，情节严重。

②谭某与向某共谋，参与策划挪用公款750.00万元归个人使用，进行营利活动，情节严重。

③判决被告人向某犯挪用公款罪，判处有期徒刑3年，缓刑4年；被告人谭某犯挪用公款罪，判处有期徒刑3年，缓刑4年；对被告人谭某的违法所得1 501.04元予以追缴，上缴国库。

虽然本案中谭某最后归还了公款，但是违法的事实已然存在，需要承担相应的责任。管理者需要防范财务人员挪用公款，避免与其同流合污，并且建立健全企业的审批制度，层层把关、定时盘点企业的资金。

7.2.3　会计档案可以随意销毁吗

会计档案是记录和反映企业经济业务的重要史料和证据，各企业均应当按照规定建立会计档案。根据《会计档案管理办法》第六条的规定，"下列会计资料应当进行归档：

（一）会计凭证，包括原始凭证、记账凭证；

（二）会计账簿，包括总账、明细账、日记账、固定资产卡片及其他辅助性账簿；

（三）财务会计报告，包括月度、季度、半年度、年度财务会计报告；

（四）其他会计资料，包括银行存款余额调节表、银行对账单、纳税申报表、会计档案移交清册、会计档案保管清册、会计档案销毁清册、会计档案鉴定意见书及其他具有保存价值的会计资料。"

不同的会计档案资料，其保管期限也不同。会计档案的保管期限分为永久、定期两类。定期保管期限一般分为10年和30年。具体见表7-4。

表 7-4 会计档案的保管期限

序　号	档案名称	保管期限
一	会计凭证	
1	原始凭证	30 年
2	记账凭	30 年
二	会计账簿	
3	总账	30 年
4	明细账	30 年
5	日记账	30 年
6	固定资产卡片	固定资产报废清理后保管 5 年
7	其他辅助性账簿	30 年
三	财务会计报告	
8	月度、季度、半年度财务会计报告	10 年
9	年度财务会计报告	永久
四	其他会计资料	
10	银行存款余额调节表	10 年
11	银行对账单	10 年
12	纳税申报表	10 年
13	会计档案移交清册	30 年
14	会计档案保管清册	永久

续上表

序 号	档案名称	保管期限
15	会计档案销毁清册	永久
16	会计档案鉴定意见书	永久

而《会计法》第二十三条与《刑法》第一百六十二条第一款对会计档案的保管有以下规定：

第二十三条规定："各单位对会计凭证、会计账簿、财务会计报告和其他会计资料应当建立档案，妥善保管。会计档案的保管期限、销毁、安全保护等具体管理办法，由国务院财政部门会同有关部门制定。"

第一百六十二条之一规定："隐匿或者故意销毁依法应当保存的会计凭证、会计账簿、财务会计报告，情节严重的，处五年以下有期徒刑或者拘役，并处或者单处二万元以上二十万元以下罚金。

单位犯前款罪的，对单位判处罚金，并对其直接负责的主管人员和其他直接责任人员，依照前款的规定处罚。"

下面通过一个案例来讲述私自销毁会计档案需要承担的责任。

实例分析 某国有企业库管员私自销毁会计档案的后果

王某为贵州某国有企业的一名库管员，在工作期间多次未按照规定进行产品出入库登记，并多次将企业的领用清单、报废单和会计账簿等资料用剪刀予以销毁，涉案金额 100.00 多万元。

根据法院审理结果，认为王某违反了企业会计资料管理制度，故意销毁会计资料，且涉及金额大，情节严重，触犯了《刑法》第一百六十二条之一的规定，判处王某有期徒刑 8 个月，并处罚金 2.00 万元。

7.2.4 私设会计账簿会承担什么后果

设置和登记会计账簿是企业重要的会计核算工作，对于加强企业的经济管理具有十分重要的意义。根据《会计法》第三条规定："各单位必须依法设置会计账簿，并保证其真实、完整。"

但是部分企业为了应付检查设置两套账，即给税务部门检查用一套账，对企业内部又设置一套账，这样做违反了以下法律法规。

（1）构成偷税逃税罪

企业若是采取欺骗、隐瞒手段隐藏收入，进行虚假纳税申报或者不申报，少缴税款，会构成偷税逃税罪，如《刑法》第二百零一条规定："纳税人采取欺骗、隐瞒手段进行虚假纳税申报或者不申报，逃避缴纳税款数额较大并且占应纳税额百分之十以上的，处三年以下有期徒刑或者拘役，并处罚金；数额巨大并且占应纳税额百分之三十以上的，处三年以上七年以下有期徒刑，并处罚金……"

（2）构成私设账簿罪

《会计法》第十六条与第四十条的部分条款对企业私设账簿有以下规定：

第十六条规定："各单位发生的各项经济业务事项应当在依法设置的会计账簿上统一登记、核算，不得违反本法和国家统一的会计制度的规定私设会计账簿登记、核算。"

第四十条规定："违反本法规定，有下列行为之一的，由县级以上人民政府财政部门责令限期改正，给予警告、通报批评，对单位可以并处二十万元以下的罚款，对其直接负责的主管人员和其他直接责任人员可以处五万元以下的罚款；情节严重的，对单位可以并处二十万元以上一百万元以下的罚款，对其直接负责的主管人员和其他直接责任人员可以处五万元以上五十万元以下的罚款；属于公职人员的，还应当依法给予处分：

（一）不依法设置会计账簿的；

（二）私设会计账簿的；

…………"

（3）涉嫌伪造、变造会计凭证、账簿，编制虚假财务会计报告罪

《会计法》第四十一条对企业伪造、变造会计凭证、会计账簿，编制虚假财务会计报告有以下规定：

第四十一条规定："伪造、变造会计凭证、会计账簿，编制虚假财务会计报告，隐匿或者故意销毁依法应当保存的会计凭证、会计账簿、财务会计报告的，由县级以上人民政府财政部门责令限期改正，给予警告、通报批评，没收违法所得，违法所得二十万元以上的，对单位可以并处违法所得一倍以上十倍以下的罚款，没有违法所得或者违法所得不足二十万元的，可以并处二十万元以上二百万元以下的罚款；对其直接负责的主管人员和其他直接责任人员可以处十万元以上五十万元以下的罚款，情节严重的，可以处五十万元以上二百万元以下的罚款；属于公职人员的，还应当依法给予处分；其中的会计人员，五年内不得从事会计工作；构成犯罪的，依法追究刑事责任。"

下面通过一个案例来看私设会计账簿的后果。

实例分析 某服装厂私设账簿的责任承担

××市××国税局对××区某服装厂进行税务检查，发现该厂以设置两套账的手段进行虚假纳税申报，偷税307.00万元。经审理，××区人民法院发现该厂法人代表曾某、财务主管董某合谋采取设立内外两套账的手段，在账簿上少列了销售收入，致使该厂因虚假申报而少缴税款。

最终，法院以偷税罪判决法定代表人曾某有期徒刑4年、财务主管董某有期徒刑三年六个月，并对该企业处偷税额两倍的罚金共614.00多万元。

管理者不能抱着侥幸心理在违法犯罪的边缘试探，应杜绝两套账的情况，严格按照会计制度与会计准则做账，依法合规设置账簿，缴纳税款。

7.2.5 企业可以延期缴纳税款吗

依法按时缴纳税款是每个企业都应履行的义务，但有时因为某些不可抗力因素或客观原因无法及时申报的，可以延期申报。《中华人民共和国税收征收管理法》（以下简称《税收征收管理法》）有以下规定：

第三十一条规定："纳税人、扣缴义务人按照法律、行政法规规定或者税务机关依照法律、行政法规的规定确定的期限，缴纳或者解缴税款。

纳税人因有特殊困难，不能按期缴纳税款的，经省、自治区、直辖市国家税务局、地方税务局批准，可以延期缴纳税款，但是最长不得超过三个月。"

根据《中华人民共和国税收征收管理法实施细则》第四十一条规定："纳税人有下列情形之一的，属于税收征管法第三十一条所称特殊困难：

（一）因不可抗力，导致纳税人发生较大损失，正常生产经营活动受到较大影响的；

（二）当期货币资金在扣除应付职工工资、社会保险费后，不足以缴纳税款的。

计划单列市国家税务局、地方税务局可以参照税收征管法第三十一条第二款的批准权限，审批纳税人延期缴纳税款。"

此外，满足了延期申报的条件之后，纳税人还需要在规定的纳税申报期限届满前三天向税务机关提出书面申请及提供以下资料，才可以进行延期申报。

①申请延期缴纳税款报告；
②当期货币资金余额情况及所有银行存款账户的对账单；
③资产负债表；
④应付职工工资和社会保险费等税务机关要求提供的支出预算。

税务机关会在收到申请延期缴纳税款报告之日起 20 日内作出批准或不予批准的决定；不予批准的，从缴纳税款期限届满之日起加收滞纳金。

7.2.6 企业虚开发票承担什么法律后果

虚开发票是指单位和个人为了达到偷税的目的，不如实开具发票的一种舞弊行为，是坚决不允许出现的。虚开发票的手段主要有表 7-5 中所列的四种。

表 7-5　虚开发票的手段

表　现	具体阐述
虚构商品名称	虚构商品名称就是指为了便于报销，用可以报销的物品名称代替不符合报销要求的物品名称，如购买保健品却开列为药品等
虚构商品价格	虚构商品价格就是不按照商品的实际价格填写，而是根据其需要开列价格或按照虚假货物品名开列价格
虚构商品数量	虚构商品数量就是指不按实际数量开列，而是根据其需要开列数量
用假票代替真票	用假票代替真票就是用假发票开具真实业务，有些单位通过开具不实发票虚减库存，隐瞒真实销售收入，私设"小金库"

虚开发票为单位或个人谋取不正当利益是违法甚至犯罪行为，《刑法》中对虚开发票的行为作了以下规定：

第二百零五条规定："虚开增值税专用发票或者虚开用于骗取出口退税、抵扣税款的其他发票的，处三年以下有期徒刑或者拘役，并处二万元以上二十万元以下罚金；虚开的税款数额较大或者有其他严重情节的，处三年以上十年以下有期徒刑，并处五万元以上五十万元以下罚金；虚开的税款数额巨大或者有其他特别严重情节的，处十年以上有期徒刑或者无期徒刑，并处五万元以上五十万元以下罚金或者没收财产。

单位犯本条规定之罪的，对单位判处罚金，并对其直接负责的主管人员和其他直接责任人员，处三年以下有期徒刑或者拘役；虚开的税款数额较大或者有其他严重情节的，处三年以上十年以下有期徒刑；虚开的税款数额巨大或者有其他特别严重情节的，处十年以上有期徒刑或者无期刑。

…………"

第二百零五条之一规定："虚开本法第二百零五条规定以外的其他发票，情节严重的，处二年以下有期徒刑、拘役或者管制，并处罚金；情节特别严重的，处二年以上七年以下有期徒刑，并处罚金。

…………"

下面通过一个案例来看看虚开发票的严重后果。

实例分析 某机电企业虚开增值税专用发票的法律责任

某机电企业主管人员黄某在没有实际货物交易的情况下让他人为自己虚开增值税发票，金额共计 13.00 万元左右，并利用虚开的增值税专用发票进行税款抵扣。

根据法院的审理，该案件涉及金额较大，且属于单位犯罪，判决企业补缴税款且判处罚金人民币 10.00 万元；判被告人黄某虚开增值税专用发票罪，判处有期徒刑两年，缓刑两年。

那么企业应如何杜绝虚开发票呢？可参考以下措施：
①禁止"白条"入账，严格审查经济活动有无相关原始单据；
②认真审核发票的内容，如发票的填制日期及编号、经济业务内容、数量、金额等是否真实，是否有填制单位名称及经办人的签名和盖章等；
③注意辨别发票的真伪，审核经济业务的真实性。

7.3 企业经营常见法律问题及其防范措施

法律风险贯穿企业经营发展全过程，若不及时解决，可能会对企业后期经营产生不利影响。

7.3.1 合同欺诈承担什么法律后果

合同欺诈是指一方当事人故意告知对方虚假情况，或故意隐瞒真实情况，诱使或误导对方基于此作出错误的意思表示，以签订合同达到欺诈的目的。随着市场经济的发展，合同被各个企业广泛运用，合同欺诈行为也屡见不鲜，企业需要及时避免。

常见合同欺诈主要有表 7-6 中的几种手段。

表 7-6 合同欺诈常见手段

手　段	具体阐述
伪造合同	欺诈人通过伪造合同主体、合同内容等手法虚构合同，骗取财物；或是先伪造一份合同，以此引诱他人与之签订合同，骗取财物
货物引诱	欺诈方利用一些单位或个人急需某种紧缺或畅销商品的心理，谎称能提供货品，与其签订虚假的购销合同，骗取对方的定金或预付款
专利技术引诱	欺诈方虚构能带来高额利润的专利技术，打着包技术、包设备等幌子引诱对方签订合同，骗取对方的培训费、设备费等
假冒、盗用他人名义	假冒、盗用他人名义主要有以下四种手段： ①假冒知名企业的法定代表人、负责人等，利用伪造的文件与对方签订合同； ②盗用他人盖好合同专用章的合同纸、合同占用章，冒充该企业与他人订立合同； ③盗用他人已经作废或遗失的合同纸、合同专用章，冒充该企业的员工与他人订立合同； ④擅自刻制他人印章，冒充他人与人签订合同
虚构主体	欺诈方通过伪造营业执照，虚构企业名称、资金、经营范围等，以根本不存在的或者未经依法登记注册的单位的名义与他人订立合同，骗取他人财物
虚假广告	欺诈方通过发布虚假广告和信息，引诱他人与之签订合同，骗取对方的中介费等
虚构担保	欺诈方通过伪造、变造作废的票据或虚假的产权证明作担保，引诱他人与之签订合同、履行合同，骗取对方的财物
抵债诈骗	欺诈方先与对方签订合同，再想方设法让对方先履行义务，待对方交付货物后，声称自己无力支付货款，愿以产品抵货款。对方若被逼无奈接受欺诈人的条件，欺诈人便以劣质产品抵货款，使对方蒙受损失

合同欺诈不仅损害了企业的利益，也损害了国家的利益，欺诈人需要承担相应的民事责任、行政责任与刑事责任，见表 7-7。

表 7-7　合同欺诈需承担的责任

表　现	具体阐述
民事责任	合同欺诈行为的民事责任，主要有以下三种： ①合同无效：当事人一方采取欺诈手法，使对方陷入错误认识，从而在对方意思表示不真实的情况下双方所签订的合同，是无效合同。无效合同不受国家法律的承认和保护，对当事人双方没有法律约束力。 ②返还财产：合同当事人在欺诈性合同被确认无效后，对已交付于对方的财产享有返还请求权，而已经接受财产的合同当事人则不论是否具有过错，都负有返还财产的义务。返还的范围为按法律规定的"因该合同而取得的财产"。 ③赔偿损失：当欺诈性的合同造成受欺诈方经济利益损失时，欺诈方应当赔偿受欺诈方所遭受的损失。赔偿损失的范围一般应包括订立合同的费用、履行合同的费用、合理的间接损失等
行政责任	合同欺诈行为的行政法律责任主要有以下两种： ①进行经济性惩罚，通过经济惩罚强制教化； ②对严重违法的吊销营业执照，实行市场禁入
刑事责任	对于合同欺诈行为具有严重社会危害性的，还要承担刑事责任。 《刑法》第二百二十四条规定，有下列情形之一，以非法占有为目的，在签订、履行合同过程中，骗取对方当事人财物，数额较大的，处三年以下有期徒刑或者拘役，并处或者单处罚金；数额巨大或者有其他严重情节的，处三年以上十年以下有期徒刑，并处罚金；数额特别巨大或者有其他特别严重情节的，处十年以上有期徒刑或者无期徒刑，并处罚金或者没收财产： （一）以虚构的单位或者冒用他人名义签订合同的； （二）以伪造、变造、作废的票据或者其他虚假的产权证明作担保的； （三）没有实际履行能力，以先履行小额合同或者部分履行合同的方法，诱骗对方当事人继续签订和履行合同的； （四）收受对方当事人给付的货物、货款、预付款或者担保财产后逃匿的； （五）以其他方法骗取对方当事人财物的

下面通过一个案例来看合同欺诈的危害性及法律责任。

实例分析 高某利用合同欺诈某材料有限公司的法律责任

20×4年4月26日，高某得知某材料有限公司中标了另一公司的阀门供应项目，于是联系该材料有限公司法人王某，称可以为其提供阀门，双方通过微信、短信、电话协商达成供货合意。

20×4年4月27日，高某利用某自动化科技有限公司的资质，以公司代理人的身份和王某签订了产品购销合同，王某于当日给该自动化科技有限公司转账5.00万元定金。后王某多次询问高某货物情况，高某谎称已发货，并且称是亲自给王某送的货。

之后，高某便失去了联系。经查，高某并非该自动化科技有限公司的代理人，在王某将定金转到该自动化科技有限公司后，高某将其中4.00万元从该公司提走用于偿还自己的债务，剩余1.00万元给该自动化科技有限公司做好处费，但实际上公司并未给王某供应货物。

经法院判决，高某以非法占有为目的，冒用他人名义签订合同，并在履行合同过程中骗取他人的预付货款，数额较大，其行为构成合同诈骗罪，判处高某有期徒刑六个月，并处罚金人民币2 000.00元。

从上述案例可以看出，高某利用该材料公司的信息进行合同欺诈，成功骗取了5.00万元定金。所以这里提醒，在进行商务活动并签订合同时，需要对对方的合同主体资格进行严格审查。

7.3.2 "阴阳合同"承担什么法律后果

"阴阳合同"是指合同当事人就同一事项订立两份以上的内容不相同的合同，一份对内，一份对外。其中，对外的一份并不是双方真实的意思表示，而是以逃避国家税收等为目的制作的；对内的一份则是双方真实的意思表示，可以是书面或口头形式。

由于"阴阳合同"以虚假的意思表示隐瞒了事实，所以并没有法律效力，当事人还会承担相关责任。《民法典》第一百四十六条、第一百五十七条对行为人虚假意思表示作了相关规定，如下所述：

第一百四十六条规定："行为人与相对人以虚假的意思表示实施的民事法律行为无效。

以虚假的意思表示隐藏的民事法律行为的效力，依照有关法律规定处理。"

第一百五十七条规定:"民事法律行为无效、被撤销或者确定不发生效力后,行为人因该行为取得的财产,应当予以返还;不能返还或者没有必要返还的,应当折价补偿。有过错的一方应当赔偿对方由此所受到的损失;各方都有过错的,应当各自承担相应的责任。法律另有规定的,依照其规定。"

此外,"阴阳合同"可能还涉及逃税罪,当事人需要承担刑事责任。纳税人采取伪造、变造、隐匿进行虚假纳税申报,偷税数额占应纳税额的10%以上不满30%,且偷税数额在 10 000.00 元以上不满 100 000.00 元的,处三年以下有期徒刑或者拘役,并处偷税数额一倍以上五倍以下罚金;偷税数额占应纳税额的30%以上且偷税数额在 100 000.00 元以上的,处三年以上七年以下有期徒刑,并处偷税数额一倍以上五倍以下罚金。

下面通过一个案例来看"阴阳合同"需要承担的法律责任。

实例分析 某药业企业股东利用"阴阳合同"逃税的责任承担

20×3 年底,投资人殷某与某药业企业鲍某商讨,出资 7 000.00 万元购买鲍某企业 51.09% 的股份。两人很快达成合作,20×4 年 1 月,两人签订了"股权转让协议",鲍某将实际控制的 51.09% 股份转让给殷某。在之后的两个月时间里,殷某通过多次转账将 7 000.00 万元实际转给了鲍某。

按照税法规定,个人转让股权需要缴纳 20% 的个人所得税和印花税。鲍某为偷逃相关税款伪造了"股权转让协议"进行纳税申报,少缴税款合计 1 175.48 万元。由于鲍某偷逃税款数额巨大,并且长时间拖延拒不缴纳欠税款,最终被判处有期徒刑四年,并处罚金人民币 50.00 万元。

7.3.3　拖欠薪资会承担什么法律后果

拖欠薪资是指用人单位违反法律规定,超过用人单位与劳动者约定的支付工资的时间发放工资的行为。那么什么才叫"拖欠"呢?

根据《劳动法》第五十条的规定:"工资应当以货币形式按月支付给劳动者本人。不得克扣或者无故拖欠劳动者的工资。"因此用人单位应当在一个月结束的 30 天内结算工资,超过 30 天无故拖欠工资即违法。

又根据《劳动法》第九十一条和《刑法》第二百七十六条之一(部分)的规定,企业拖欠薪资应承担以下民事责任与刑事责任。

第九十一条规定:"用人单位有下列侵害劳动者合法权益情形之一的,由劳动行政部门责令支付劳动者的工资报酬、经济补偿,并可以责令支付赔偿金:

(一）克扣或者无故拖欠劳动者工资的；

（二）拒不支付劳动者延长工作时间工资报酬的；

（三）低于当地最低工资标准支付劳动者工资的；

（四）解除劳动合同后，未依照本法规定给予劳动者经济补偿的。"

第二百七十六条之一规定："以转移财产、逃匿等方法逃避支付劳动者的劳动报酬或者有能力支付而不支付劳动者的劳动报酬，数额较大，经政府有关部门责令支付仍不支付的，处三年以下有期徒刑或者拘役，并处或者单处罚金；造成严重后果的，处三年以上七年以下有期徒刑，并处罚金。

单位犯前款罪的，对单位判处罚金，并对其直接负责的主管人员和其他直接责任人员，依照前款的规定处罚。

⋯⋯"

下面通过一个案例来叙述拖欠薪资的法律后果。

实例分析 某有限公司拒不支付劳动报酬的法律责任

20×2年9月，苟某以湖北省某建筑有限公司的名义，与四川宣汉某有限公司项目部经理签订劳务承包协议书，先后雇用了46名农民工参与施工。

从20×3年3月起，苟某开始陆续拖欠农民工工资，至工程结束时共拖欠工资20.00多万元。20×3年7月工程完工，苟某与项目部结算领取了全部工程款。但此后，苟某仍以种种理由拖欠农民工工资，并在11月携款逃跑。

20×4年6月，××县人民法院对苟某以逃匿的方式拖欠农民工工资20.00多万元予以判决，判处苟某有期徒刑一年六个月，并处罚金2.00万元。

7.3.4 员工手册具有法律效力吗

员工手册是企业人力资源管理部为了约束员工行为而制定的规范性文件，那么员工手册具有法律约束力吗？一般来说，只要员工手册是依法制定的，都具有法律效力，《劳动合同法》对员工手册等规章制度有以下规定：

第四条规定："用人单位应当依法建立和完善劳动规章制度，保障劳动者享有劳动权利、履行劳动义务。

用人单位在制定、修改或者决定有关劳动报酬、工作时间、休息休假、劳动安全卫生、保险福利、职工培训、劳动纪律以及劳动定额管理等直接涉及劳动者切身利益的规章制度或者重大事项时，应当经职工代表大会或者全体职工讨论，提出方案和意见，与工会或者职工代表平等协商确定。

在规章制度和重大事项决定实施过程中，工会或者职工认为不适当的，有权向用人单位提出，通过协商予以修改完善。

用人单位应当直接将直接涉及劳动者切身利益的规章制度和重大事项决定公示，或者告知劳动者。"

下面通过一个案例来看看员工手册的作用。

实例分析 王某两次违反员工手册被开除

20×3年12月，王某进入某企业上班，20×4年5月王某在上班时间玩手机，违反了该企业员工手册的规定，被企业作出记大过的处罚，且王某在部门的处罚书上签了字。

事后，王某因不服多次在微信工作群对自己的主管进行辱骂、威胁，甚至诋毁企业领导及同事。因王某违反规定、行为恶劣，企业再次对其作出记大过的处罚，并根据员工手册的规定，开除了王某。

后王某向××市仲裁委员会申请仲裁，要求企业支付违法解除劳动合同赔偿金约7.00万元，该委员会裁决驳回王某的申请请求，王某便将企业告上法院。最终法院认定该企业不属于违法解除劳动合同，对王某主张的7.00万元赔偿金不予支持，驳回其诉讼请求。

由此可以看出合法制定员工手册的重要性，它可以依法保护企业的合法权益。

7.3.5 常见税收违法行为的责任承担

常见的税收违法行为主要有偷税、逃税、骗税和欠税，区别及法律责任见表7-8。

表7-8 常见税收违法行为及责任承担

违法行为	具体阐述
偷税	偷税是指纳税人故意违反税收法规，采用欺骗、隐瞒等方式逃避纳税的违法行为。对纳税人偷税的，由税务机关追缴其不缴或者少缴的税款、滞纳金，并处不缴或者少缴的税款百分之五十以上五倍以下的罚款；构成犯罪的，依法追究刑事责任

续上表

违法行为	具体阐述
逃税	逃税是指纳税人违反税法规定不缴或少缴税款的非法行为。该行为需要承担的法律责任可参考我国《刑法》第二百零一条的规定，具体内容在本章 7.2.4 节已经介绍过，这里就不再赘述
骗税	骗税是指纳税人用假报出口等虚构事实或隐瞒真相的方法，经过公开合法的程序，利用国家税收优惠政策，骗取减免税或者出口退税的行为。 以假报出口或者其他欺骗手段，骗取国家出口退税款，数额较大的，处五年以下有期徒刑或者拘役，并处骗取税款一倍以上五倍以下罚金；数额巨大或者有其他严重情节的，处五年以上十年以下有期徒刑，并处骗取税款一倍以上五倍以下罚金；数额特别巨大或者有其他特别严重情节的，处十年以上有期徒刑或者无期徒刑，并处骗取税款一倍以上五倍以下罚金或者没收财产
欠税	欠税是指纳税人、扣缴义务人未按照法律、行政法规规定或者税务机关依照法律、行政法规的规定确定的期限，缴纳或者解缴税款的行为。根据我国《刑法》第二百零三条和《税收征收管理法》第六十五条规定，欠税应承担以下责任： 第二百零三条规定，纳税人欠缴应纳税款，采取转移或者隐匿财产的手段，致使税务机关无法追缴欠缴的税款，数额在一万元以上不满十万元的，处三年以下有期徒刑或者拘役，并处或者单处欠缴税款一倍以上五倍以下罚金；数额在十万元以上的，处三年以上七年以下有期徒刑，并处欠缴税款一倍以上五倍以下罚金。 第六十五条规定，纳税人欠缴应纳税款，采取转移或者隐匿财产的手段，妨碍税务机关追缴欠缴的税款的，由税务机关追缴欠缴的税款、滞纳金，并处欠缴税款百分之五十以上五倍以下的罚款；构成犯罪的，依法追究刑事责任

下面通过一个案例来看看常见税收违法行为需要承担的法律责任。

实例分析 ××**市某贸易有限公司偷税应承担的法律责任**

2020 年 2 月至 4 月，×× 市某贸易有限公司接受虚开 ×× 省增值税专用发票合计 32 份，金额 2 820 076.88 元，税额 479 413.12 元，合计 3 299 490.00 元。

该贸易公司在取得专用发票的相应月份向主管税务机关认证并抵扣进项税额共计 479 413.12 元，同时计入当年主营业务成本 2 820 076.88 元。该公司行为违反了《中华人民共和国增值税暂行条例》《中华人民共和国税收征收管理法》的相关规定，被认定为偷税，应补缴增值税、城市维护建设税、企业所得税等共计 1 018 094.95 元，并处罚款 509 047.48 元。

同时，该公司符合重大税收违法案件信息公布的标准之一，即纳税人伪造、变造、隐匿、擅自销毁账簿、记账凭证，或者在账簿上多列支出或者不列、少列收入，或者经税务机关通知申报而拒不申报，或者进行虚假的纳税申报，不缴或者少缴应纳税款 100.00 万元以上，被 ×× 市税务局第一稽查局按规定将其列为重大税收违法失信案件，于 2023 年 11 月向社会公布。

对外公布以后，该公司纳税信用级别直接判为 D 级，对公司日后的发展造成严重影响，所以纳税人需要依法纳税。

7.3.6 单位犯罪承担什么法律后果

单位犯罪就是由单位作为行为主体实施的犯罪，包括企事业单位、机关、团体等为本单位谋取非法利益或者以单位名义进行的违法活动。

单位犯罪需要承担什么样的责任呢？《刑法》第三十条及三十一条，对单位犯罪有以下规定：

第三十条规定："公司、企业、事业单位、机关、团体实施的危害社会的行为，法律规定为单位犯罪的，应当负刑事责任。"

第三十一条规定："单位犯罪的，对单位判处罚金，并对其直接负责的主管人员和其他直接责任人员判处刑罚。本法分则和其他法律另有规定的，依照规定。"

下面还是通过一个案例来叙述单位犯罪的严重性。

> **实例分析** 某企业实际控制人犯罪的责任承担
>
> 2019 年 1 月至 2022 年 9 月期间，作为某企业实际控制人的聂某伙同企业员工高某、周某，在没有实际交易的情况下为他人虚开增值税专用发票。其中，聂某参与虚开税款数额 2 591 986.36 元，高某虚开税款数额 2 201 057.79 元，周某虚开税款数额 231 675.22 元，三人于 2024 年被查获归案。
>
> 法院认为，聂某作为单位犯罪中直接负责的主管人员，高某和王某作为其他直接责任人员，虚开增值税发票的行为恶劣且数额巨大，危害了国家税收管理制度，对聂某判处有期徒刑十年，对高某判处有期徒刑五年六个月，对周某判处有期徒刑一年四个月。
>
> 由此可见，单位犯罪通常都是从重处理。因此，应合法经营，切忌触碰法律红线。

读者意见反馈表

亲爱的读者：

感谢您对中国铁道出版社有限公司的支持，您的建议是我们不断改进工作的信息来源，您的需求是我们不断开拓创新的基础。为了更好地服务读者，出版更多的精品图书，希望您能在百忙之中抽出时间填写这份意见反馈表发给我们。随书纸制表格请在填好后剪下寄到：北京市西城区右安门西街8号中国铁道出版社有限公司大众出版中心 王宏 收（邮编：100054）。此外，读者也可以直接通过电子邮件把意见反馈给我们，E-mail地址为：17037112@qq.com。我们将选出意见中肯的热心读者，赠送本社的其他图书作为奖励。同时，我们将充分考虑您的意见和建议，并尽可能地给您满意的答复。谢谢！

所购书名：_____
个人资料：
姓名：_____ 性别：_____ 年龄：_____ 文化程度：_____
职业：_____ 电话：_____ E-mail：_____
通信地址：_____ 邮编：_____

您是如何得知本书的：
□书店宣传 □网络宣传 □展会促销 □出版社图书目录 □老师指定 □杂志、报纸等的介绍 □别人推荐
□其他（请指明）_____

您从何处得到本书的：
□书店 □邮购 □商场、超市等卖场 □图书销售的网站 □培训学校 □其他

影响您购买本书的因素（可多选）：
□内容实用 □价格合理 □装帧设计精美 □带多媒体教学光盘 □优惠促销 □书评广告 □出版社知名度
□作者名气 □工作、生活和学习的需要 □其他

您对本书封面设计的满意程度：
□很满意 □比较满意 □一般 □不满意 □改进建议

您对本书的总体满意程度：
从文字的角度 □很满意 □比较满意 □一般 □不满意
从技术的角度 □很满意 □比较满意 □一般 □不满意

您希望书中图的比例是多少：
□少量的图片辅以大量的文字 □图文比例相当 □大量的图片辅以少量的文字

您希望本书的定价是多少：

本书最令您满意的是：
1.
2.
您在使用本书时遇到哪些困难：
1.
2.
您希望本书在哪些方面进行改进：
1.
2.
您需要购买哪些方面的图书？对我社现有图书有什么好的建议？

您更喜欢阅读哪些类型和层次的书籍（可多选）？
□入门类 □精通类 □综合类 □问答类 □图解类 □查询手册类
您在学习的过程中有什么困难？

您的其他要求：